1945 – 1991

A GUERRA FRIA

1945 – 1991

A GUERRA FRIA

Michael Kerrigan

ALTA BOOKS
GRUPO EDITORIAL
Rio de Janeiro, 2024

A Guerra Fria

ISBN: 978-85-508-2363-8

Impresso no Brasil — 1ª Edição, 2024 — Edição revisada conforme o Acordo Ortográfico da Língua Portuguesa de 2009.

Dados Internacionais de Catalogação na Publicação (CIP)
(BENITEZ Catalogação Ass. Editorial, MS, Brasil)

K48g
1.ed. Kerrigan, Michael
A guerra fria / Michael Kerrigan ; tradução Beatriz Medina. - 1.ed. - Rio de Janeiro : Alta Books, 2024.
224 p.; 15,7 x 23 cm.

Título original: The cold war.
ISBN 978-85-508-2363-8

1. Estados Unidos - Política e governo - Séc. XX. 2. Europa - História - Séc. XX. 3. Guerra fria - História. 4. Política internacional - 1945-1989 5. União Russa Socialista Soviética (URSS) - História. I. Medina, Beatriz. II. Título.

08-2024/134 CDD 327.1

Índice para catálogo sistemático:
1. Guerra fria : Política internacional 327.1
Aline Graziele Benitez - Bibliotecária - CRB-1/3129

Grupo Editorial Alta Books

Produção Editorial: Grupo Editorial Alta Books
Diretor Editorial: Anderson Vieira
Editor da Obra: Milton Mira
Vendas Governamentais: Cristiane Mutüs
Gerência Comercial: Claudio Lima

Produtora Editorial: Ana Clara Tambasco
Tradução: Maria Beatriz Medina
Copidesque: Ederli Fortunato
Revisão: Denise Himpel
Diagramação: Rita Motta

ALTA BOOKS
GRUPO EDITORIAL

Rua Viúva Cláudio, 291 — Bairro Industrial do Jacaré
CEP: 20.970-031 — Rio de Janeiro (RJ)
Tels.: (21) 3278-8069 / 3278-8419
www.altabooks.com.br — altabooks@altabooks.com.br
Ouvidoria: ouvidoria@altabooks.com.br

Editora **afiliada à:**
ASSOCIADO

SUMÁRIO

Introdução

"Vamos enterrar vocês", avisou o premier soviético Nikita Khruschóv aos inimigos ocidentais num discurso nas Nações Unidas em novembro de 1956. Até hoje, não se sabe se ele queria dizer que os comunistas enterrariam os capitalistas nas ruínas das cidades com um apocalipse nuclear ou se simplesmente durariam mais do que eles graças à superioridade do sistema socialista. Mas na época todos estavam à sombra de um confronto que quase poderia ter destruído o mundo em questão de horas, mas que sabidamente já mantinha a paz por vários anos.

LOUCURA

Toda uma ordem internacional foi construída sobre ambiguidades desse tipo. Principalmente na Europa, comunismo e capitalismo vinham se enfrentando havia uma década, contidos à força pelo equilíbrio do medo que ficou conhecido como *mutually assured destruction*, destruição mutuamente assegurada, abreviado como MAD — "louco" em inglês.

Por algum tempo, os comentaristas se esforçaram para encontrar um modo de caracterizar esse tipo de conflito. A expressão "Guerra Fria" foi popularizada pelo escritor inglês George Orwell e pegou. Orwell, embora esquerdista por suas convicções, vinha murchando com o desprezo pelo totalitarismo da URSS. Nominalmente, a União das Repúblicas Socialistas Soviéticas, para citar o nome inteiro, era uma democracia: um coletivo de cooperativas de trabalhadores tamanho extragrande. Na realidade, ele achava que seu povo estava escravizado. A apregoada "liberdade" dos Estados Unidos talvez não significasse muita coisa para os seus pobres oprimidos, mas pelo menos ali havia a possibilidade de representação real.

ACIMA:
CHOQUE DE SÍMBOLOS
A bandeira soviética era uma declaração, um *slogan* até: a foice e o martelo representam os trabalhadores da indústria e da agricultura; o vermelho, o sangue que derramaram. A bandeira dos EUA era mais mundana na sua mensagem: as 13 listras eram as colônias iniciais e as estrelas, os estados modernos. Sua rivalidade na época da Guerra Fria representava não só uma inimizade geopolítica como uma oposição em grande escala de sistemas de valores.

À ESQUERDA:
DESTRUIÇÃO MUTUAMENTE ASSEGURADA
Uma charge publicada no jornal *Daily Mirror* em 1954 mostra o presidente americano Dwight D. Eisenhower e o primeiro-ministro do Reino Unido Winston Churchill trocando insultos com o então premier soviético Nikolai Bulganin. Eles dizem: "Podemos fazer uma explosão mais barulhenta do que a sua"; a legenda é "Falando numa posição de força". Eisenhower avisou que o conflito das superpotências acarretaria um mundo devastado, a "civilização destruída", a humanidade condenada a começar do zero a longa e dolorosa evolução para sair da selvageria.

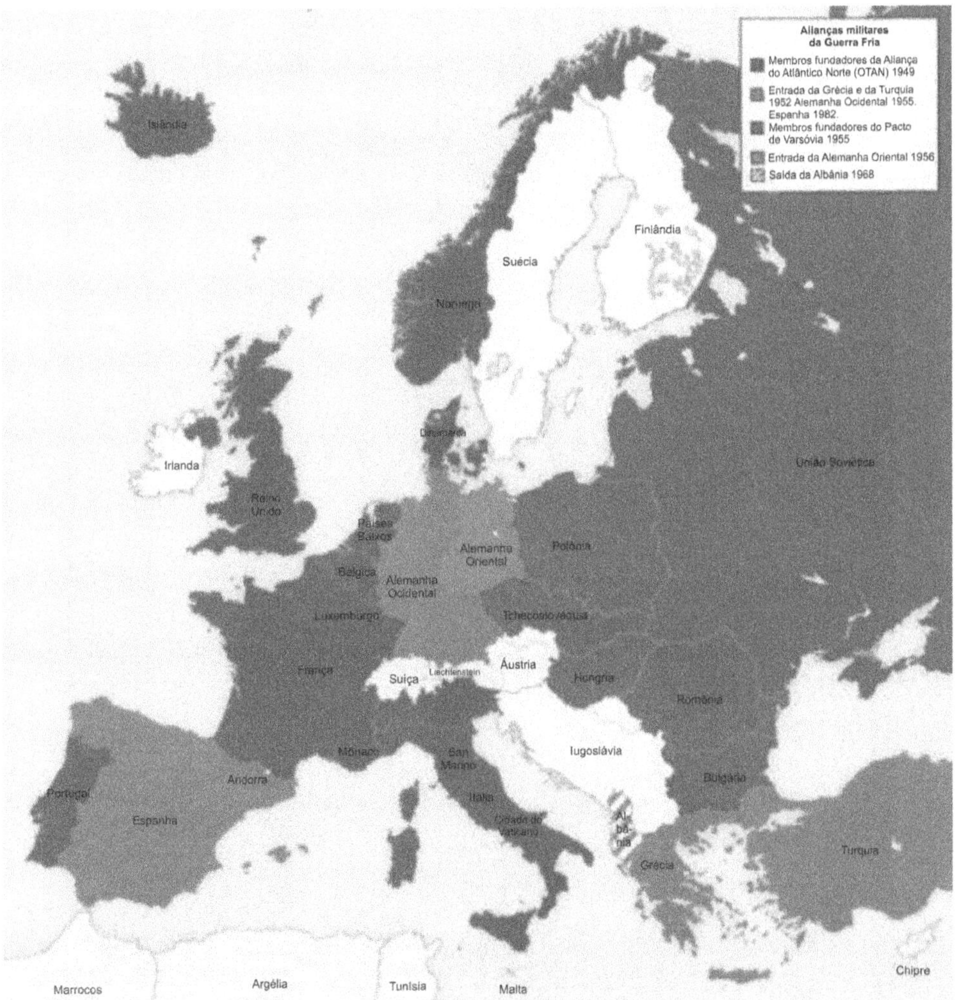

ACIMA:
ARENA DA GUERRA FRIA
A Guerra Fria envolveu o mundo inteiro, mas, durante meio século, sua linha de frente ficou na Europa.

É claro que a imagem em essência da Guerra Fria como um impasse de meio século é irremediavelmente eurocêntrica. Como veremos, a estabilidade que (praticamente) se manteve ao longo da "Cortina de Ferro" foi obtida, em grande parte, pelo transbordamento do conflito em outras áreas do mundo. E, até certo ponto, por seu deslocamento para esferas alternativas, do esporte à exploração espacial, das artes à assistência ao desenvolvimento.

Já parece história, mas, para toda uma geração que ainda hoje ainda não é muito antiga, o confronto da Guerra Fria configurou o mundo. As pessoas aprenderam a viver ao mesmo tempo ameaçadas e protegidas pela possibilidade da guerra nuclear ou suportaram conflitos trágicos e apavorantes em países aparentemente muito distantes da linha de frente ideológica, só para que o "equilíbrio de poder" geral se mantivesse.

Década de 1940

A Segunda Guerra Mundial mal tinha começado quando se iniciou a década de 1940. Nem os Estados Unidos, nem a União Soviética estavam envolvidos ainda. Em retrospecto, podemos ver que essa ou aquela evolução da guerra influenciaria o futuro conflito Ocidente–Oriente, mesmo que isso não fosse claro na época. A disposição de Stálin de concordar com o pacto Molotov–Ribbentrop com a Alemanha nazista em agosto de 1939 ressaltou o seu cinismo implacável aos olhos ocidentais; a anexação subsequente dos estados bálticos em 1940 deixou claríssimas as suas aspirações expansionistas.

Por sua vez, apesar dos protestos ocidentais de boa-fé, Stálin desconfiava que a lentidão dos aliados na abertura da "Segunda Frente" no sul da Europa assinalava a disposição deles de ver a URSS praticamente destruída antes da vitória na guerra. Enquanto isso, o foguete alemão V2 entrou em cena tarde demais para afetar o resultado da guerra, mas com bastante tempo para fazer os líderes mundiais pensarem.

No entanto, no fim de 1943 o exército anglo-americano avançava pela Itália, onde o ditador fascista Benito Mussolini tinha sido derrubado. Em meados de 1944, as forças soviéticas rechaçaram o avanço alemão na Rússia e passaram à ofensiva, enquanto os aliados ocidentais assumiam a iniciativa no Pacífico.

PÁGINA AO LADO:

VIROU FUMAÇA

Em agosto de 1945, o lançamento da primeira bomba atômica em Hiroshima apressou a rendição do Japão no fim da Segunda Guerra Mundial. Isso também serviu de tiro de advertência para os outros inimigos dos Estados Unidos — uma pista do poder de fogo inaudito que ainda poderia ser liberado.

PÁGINA AO LADO:

REDUZIDA A ESCOMBROS

A grande cidade portuária de Nagasaki foi praticamente arrasada pela explosão da segunda bomba atômica, lançada em 9 de agosto de 1945. Aqui, vemos a catedral católica, uma ruína instantânea.

À ESQUERDA:

PORTAL PARA LUGAR NENHUM

O santuário Sanno, um templo xintoísta, ficava a apenas oitocentos metros do epicentro da explosão e, na maior parte, foi arrasado. A construção arqueada desse portal permitiu que a explosão o atravessasse e o contornasse, fazendo com que a estrutura sobrevivesse ilesa.

ABAIXO:

ANIQUILAÇÃO ATÔMICA

A bomba transformou Nagasaki num cenário de absoluta devastação. Acredita-se que a té 80 mil pessoas morreram.

Até então, imaginar uma conclusão bem-sucedida do conflito seria desafiar o destino; no início de 1945, algo a ser planejado. Assim, em fevereiro foi convocada uma conferência em Ialta, na Crimeia, para os líderes aliados discutirem a ordem no pós-guerra. O ditador soviético Josef Stálin serviu de anfitrião para o presidente americano Franklin Delano Roosevelt e o primeiro-ministro britânico Winston Churchill.

Embora a derrota do nazismo fosse causa de júbilo, já ficava claro que a libertação significaria algo bem diferente na Europa ocidental e no bloco oriental (Alemanha Oriental, Polônia, Tchecoslováquia, Bulgária, Romênia, Hungria, Albânia e Iugoslávia) sob domínio soviético. Mas os sacrifícios feitos pela União Soviética e a sua contribuição à derrota da Alemanha eram tão grandes que parecia impossível recusar a sua autoridade sobre a área.

Mesmo assim, o Acordo de Ialta de 1945 deixou no Ocidente um resíduo de ressentimento. Winston Churchill, especificamente, não gostou do que via como capitulação à tirania. Embora rápido ao sentir, na década de 1930, o perigo que Hitler e a ascensão do nazismo representavam e da sua obstinação admirável em denunciá-lo numa época em que muita gente no seu próprio país não se dispunha muito a escutar, ele foi um adversário declarado e veemente da União Soviética desde a sua criação em 1917. (Mais tarde, ele exprimiria várias vezes o arrependimento de

À DIREITA:
AMIGOS OU INIMIGOS?
Os "Três Grandes" (da esquerda para a direita, Stálin, Roosevelt e Churchill, com aparência levemente amuada) exibem calma, determinação e solidariedade em Ialta. Nos bastidores, as relações eram mais cautelosas.

PRESIDENT OF THE UNITE

não terem "estrangulado no berço" o "bebê" bolchevique.)

A derrota de Hitler em maio de 1945, por mais que fosse bem-vinda, deixou a guerra vencida pela metade, no que lhe dizia respeito. Certamente, ele não via razão para as democracias ocidentais se deitarem sobre os louros. Na verdade, algumas semanas depois, em junho, quando a poeira ainda não tinha baixado, ele tentou convencer o presidente Truman a concordar com uma invasão anglo-americana imediata da URSS enfraquecida pela guerra. (Harry S. Truman foi vice-presidente de Roosevelt e o sucedeu quando ele morreu repentinamente naquele mês de abril, às vésperas da vitória.) Churchill deu ao seu plano o codinome melodramático de Operação *Unthinkable* ("impensável").

"IMPENSÁVEL"

E era mesmo impensável, no que dizia respeito a Truman. Quase tão impensável para nós hoje é o pressuposto fácil de Churchill de que conseguiria convencer, forçar e até tratar com desdém um presidente americano. No entanto, na época aquilo não pareceu tão presunçoso. Afinal de contas, a Grã-Bretanha dominava um vasto e rico império; embora dominante no seu hemisfério, os Estados Unidos ainda eram uma potência emergente.

No entanto, em 1945 a história estava em avanço acelerado. Poucas semanas depois, a ordem global mudou. A ordem moral também, segundo alguns. Em 6 de agosto, "Little Boy", a primeira bomba atômica, foi lançada na cidade japonesa de Hiroshima pela Superfortaleza B-29 chamada Enola Gay. A cidade foi completamente destruída, com o custo de mais de 70 mil vidas (e outras dezenas de milhares morreram pelo efeito da radiação em prazo mais longo).

Os defensores da ação americana apontam o número enorme de vidas salvas com a interrupção da Guerra do Pacífico, que se encerrou após o lançamento de uma segunda bomba, dali a três dias, na cidade portuária de Nagasaki.

Stálin não teve dúvida de que, qualquer que fosse a devastação causada em Hiroshima e Nagasaki, ele também era "alvo" desses ataques. Ele não tinha dúvida de que as bombas eram um aviso de que coisa pior aconteceria caso a União Soviética passasse dos limites — embora também houvesse nelas uma mensagem para Churchill e outros líderes.

PÁGINA AO LADO, NO ALTO:
CAI O PANO
No Westminster College, em Fulton, no estado americano do Missouri, Churchill fala de uma "Cortina de Ferro" que desce "de Stettin, no Báltico, a Trieste, no Adriático". Embora, ao que parece, não tenha cunhado a expressão, sem dúvida ele a popularizou: ela se tornou a formulação clássica das divisões trazidas pela Guerra Fria.

PÁGINA AO LADO, EMBAIXO:
TITO
Josip Broz, o marechal Tito, comandou os guerrilheiros iugoslavos na resistência heroica contra os alemães durante a guerra. No entanto, embora fosse um comunista leal, mais tarde ele se mostrou igualmente resistente às agressões de Stálin e comandou a saída da Iugoslávia do Bloco Soviético em 1948.

PÁGINAS SEGUINTES:
PASSOS À FRENTE
Inspirados pelos soviéticos, os rebeldes ficaram satisfeitíssimos de preencher a lacuna deixada pela retirada das forças japonesas derrotadas na Ásia Oriental. Aqui, vemos soldados do Viet Minh vietnamita no território que, antes da guerra, era a Indochina francesa.

ATOL ATÔMICO
Nas décadas de 1940 e 1950, o atol de Bikini, antes um paraíso das Ilhas Marshall, no Pacífico, se tornou o principal local de testes do programa americano de armas atômicas. Toda a população foi removida à força e reassentada para que os testes e o desenvolvimento pudessem ocorrer sem restrições.

Iniciou-se, então, uma guerra de discursos, com Stálin falando com eloquência da incompatibilidade entre comunismo e capitalismo; o conflito entre eles seria "inevitável", avisou numa reunião de eleitores de Moscou em fevereiro de 1946. Algumas semanas depois, em Fulton, no estado americano do Missouri, Churchill disparou sua salva de resposta: uma "Cortina de Ferro" tinha caído sobre a Europa, proclamou ele.

LUTAS DE LIBERTAÇÃO

O efeito foi sentido em toda a linha de frente europeia e bem além dela. Em 1946, a guerra civil explodiu na Grécia recém-libertada. Os guerrilheiros de esquerda foram apoiados pela União Soviética, enquanto Winston Churchill enviava ajuda aos combatentes monarquistas, que também ganharam apoio. Ninguém acreditava a sério que alguma dessas potências ocidentais se preocupasse com o rei Jorge II da Grécia. Elas temiam que a influência soviética se espalhasse pelo sudeste da Europa e pela Ásia ocidental. Essa preocupação e a determinação dos Estados Unidos em abordá-la levaram à declaração da "Doutrina Truman" no ano seguinte. O presidente americano prometeu aos governos da Grécia e da Turquia o apoio do seu país contra revoltas comunistas.

Logo se criou um modelo pelo qual a URSS se mostrava disposta a endossar as "lutas de libertação" de esquerda; os EUA, a dar apoio aos que lutavam em nome da "liberdade". Não importava muito o fato de que uma pequena "libertação" faria bem à União Soviética, um estado monopartidário, rígido e repressor, nem de que, para os Estados Unidos, os defensores da "liberdade" tendiam a ser tiranos de direita.

Nos primeiros anos da guerra, o Japão desenfreadamente expansionista se serviu das possessões territoriais europeias em todo o Oriente. Da Birmânia britânica às Índias Orientais holandesas, da Indochina francesa às Filipinas controladas pelos EUA, os governos coloniais foram deixados de lado. A retirada das forças japonesas derrotadas deixou um vácuo que as nações europeias exaustas não estavam mesmo em posição de preencher. Os insurgentes inspirados pelos soviéticos tiveram o máximo prazer de aproveitar a situação.

Não que tudo fosse a favor deles. A França, por exemplo, lutou com unhas e dentes para manter a antiga colônia da Indochina (aproximadamente, Vietnã, Camboja e Laos). Em 1946, logo depois da partida dos japoneses, o comunista Ho Chi Minh e os seus guerrilheiros do Viet Minh tomaram o poder. Com patrocínio soviético, eles criaram a chamada República Democrática do Vietnã. No entanto, os franceses enviaram uma força expedicionária com auxílio britânico para tomar o país de volta.

A Primeira Guerra da Indochina se arrastaria durante anos até maio de 1954, quando os franceses foram finalmente derrotados em Dien Bien Phu. Nem assim a situação se resolveria.

PÁGINA AO LADO, NO ALTO:
GUERRA POR PROCURAÇÃO
Grupos guerrilheiros como esse travaram uma luta heroica pelo que consideravam o governo do povo na Grécia; os anticomunistas lutaram com a mesma bravura pela noção de liberdade do país. O que nenhum dos lados percebia é que eram peões num jogo de xadrez global entre as superpotências.

PÁGINA AO LADO, EMBAIXO:
PODER POPULAR?
Homens e mulheres lutaram lado a lado em grupos de esquerda como a Frente de Libertação Nacional e o Exército Grego de Libertação Popular: idealistas dispostos a sacrificar tudo pela causa. No entanto, o "povo" comum não tinha como apreciar até que ponto a sua luta era uma simples subtrama numa narrativa mais grandiosa de oposição na Guerra Fria.

CREPÚSCULO COLONIAL
Toulon, França, janeiro de 1947. Soldados franceses se preparam para embarcar no navio Île-de-France para lutar na Indochina. Mas por que o seu dever patriótico os levaria para o outro lado do mundo, ao país dos outros? Para o lado aliado, a Segunda Guerra Mundial foi algo relativamente raro: uma luta pelo que é certo, comprovadamente justa. Agora o quadro internacional parecia diferente e mais complexo.

YOU ARE NOW ENTERIN

Enquanto Ho Chi Minh governava o seu país comunista no norte do Vietnã, uma sucessão de ditaduras apoiadas pelos EUA dominava o sul, a "República do Vietnã".

DIVISÃO IDEOLÓGICA

Enquanto isso, na Europa, a oposição ideológica entre o leste comunista e o oeste capitalista se enrijecia rapidamente. Não mais apenas retórica, ela criava impacto em terra. Os temores de Churchill de que os Acordos de Ialta representassem "um dos momentos mais melancólicos da história do continente" foram confirmados mês a mês, conforme Stálin impunha a autoridade dentro da sua esfera.

Talvez de forma natural, a Alemanha ficou sob controle direto dos aliados vitoriosos. Stálin criou um estado comunista de estilo soviético na sua seção oriental. No resto da Europa oriental, manteve-se alguma pretensão de democracia ou, pelo menos, de autonomia dos países, embora o vento político só soprasse para um lado.

Na Albânia, os guerrilheiros comunistas de Enver Hoxha assumiram o controle desde os meses finais da guerra. Como na Grécia, os grupos de esquerda conquistaram uma certa autoridade moral. Em todos os países dominados pelos alemães, houve colaboração ativa e aquiescência passiva generalizadas. Essa reação talvez não fosse muito heroica, mas era humana.

À ESQUERDA:
FRONTEIRA DA LIBERDADE
De um lado, a exploração capitalista; do outro, a repressão comunista. Cada lado reivindicava o monopólio da "liberdade". A "Cortina de Ferro" não era literal, mas tinha consequências reais em vidas reais; na Europa central, de qualquer modo a fronteira era concreta. Aqui, vemos a entrada do setor americano na Áustria do pós-guerra.

Entre as convicções ideológicas e a compreensão de que, pelas suas conhecidas opiniões, não seria possível esperar misericórdia dos nazistas, os comunistas não viam possibilidade de acomodação com os ocupantes. Assim, naturalmente ficaram na vanguarda da resistência.

Até certo ponto, o mesmo padrão se reproduziria pela Europa oriental. O socialismo não foi inteiramente imposto à força. Na Bulgária, por exemplo, um plebiscito provocou a abolição da monarquia em 1946 e a eleição democrática de um governo comunista. O fato de que esse governo, depois de instalado, decidiu cooptar ou suspender todos os outros partidos é o lado menos inspirador da história.

DEMOCRACIA SOB COAÇÃO

Algo semelhante ocorreu na Romênia, onde uma coalizão liderada pelos comunistas foi eleita, mas os parceiros dos comunistas na coalizão foram silenciosamente removidos. Na Hungria, os partidos de oposição venceram as eleições, mas os comunistas tomaram o poder com um golpe e impuseram um governo repressor. Em geral, Stálin se contentou em ficar de fora da politicagem sórdida e esperou para receber os novos aliados que tomassem a decisão "democrática" de se juntar ao aprisco.

Mas ele não deixaria tudo ao acaso. Em 1947, com as eleições polonesas se aproximando e a oposição como favorita, o ditador soviético convidou os seus líderes políticos a irem a Moscou para conversações. Nunca mais se ouviu falar deles; os seus partidos prontamente desmoronaram, e os comunistas conquistaram o poder na Polônia.

A Tchecoslováquia caiu em 1948. Só os comunistas puderam concorrer às eleições daquele ano. Não surpreende que fossem eleitos.

Naquele mesmo ano, num revertério raro para a URSS, o marechal Tito enfrentou Stálin e tirou a Iugoslávia da esfera soviética; ele anunciou que o país continuaria comunista, mas seguiria um caminho próprio.

COMPRA DE ALIANÇAS?

Enquanto isso, abril de 1948 assistiu ao lançamento do Plano Marshall. O plano recebeu o nome do secretário de Estado americano George C. Marshall, que o elaborou com a forte crença de que, se dessem passos práticos e generosos para reconstruir a economia europeia arrasada pela guerra, os Estados Unidos também obteriam paz duradoura — e muito prestígio. Os países europeus ocidentais não precisaram ser convencidos; o Reino Unido foi o maior beneficiário, mas a França, a Alemanha Ocidental e outros países também receberam ajuda.

Num aparente excesso de magnanimidade, os Estados Unidos não ofereceram essa ajuda apenas à Europa ocidental, mas também à URSS e aos países da Cortina de Ferro. Os soviéticos recusaram, assim como (sob certa pressão) os outros estados socialistas. Stálin era da opinião de que os Estados Unidos estavam engajados na construção de um império econômico. É claro que não estava completamente errado.

Dito isso, a decisão só ressaltou a diferença que já existia entre a Europa ocidental, cuja economia, embora muito afetada pela guerra, passava por uma reconstrução rápida, e a Europa oriental arrasada, onde imperava o abandono.

PÁGINA AO LADO:
SORRISOS E AÇO
Tudo é alegria na Sala Oval de Harry S. Truman. O 33º presidente dos Estados Unidos seguiu o seu ex-chefe Franklin D. Roosevelt ao sentir que o país deveria ampliar a sua influência e autoridade pelo mundo com espírito de generosidade. Mas também assumiu a linha mais dura contra o expansionismo soviético: aumentou os recursos defensivos dos EUA e criou a OTAN.

O INVERNO DE PRAGA

A multidão se reúne na praça Venceslau, em 25 de fevereiro de 1948, em resposta ao anúncio do líder comunista Klement Gottwald de que o partido tinha assumido o poder depois de um golpe. O Partido Comunista obteve um bom resultado nas eleições dois anos antes, mas as propostas de coletivização desagradaram ao campo, e os trabalhadores urbanos temiam a limitação salarial e as restrições às liberdades civis.

LÉKÁRNA

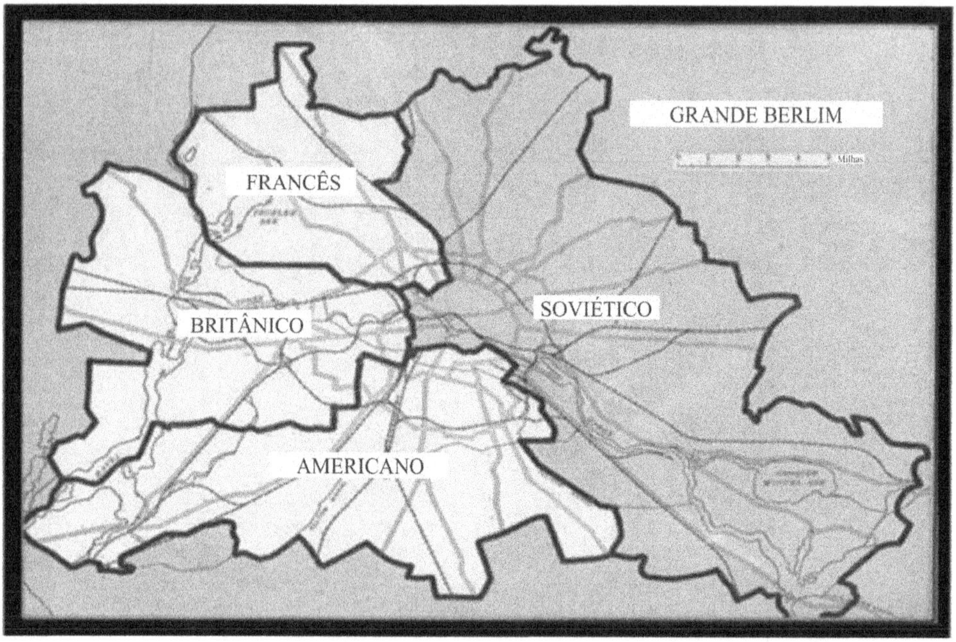

ACIMA:
BLOQUEIO DE BERLIM
No mapa, o setor soviético de Berlim era mais ou menos igual ao das três potências ocidentais. Mas a cidade fica na Alemanha Oriental controlada pelos soviéticos, a mais de 150 km da fronteira. Como enclave isolado, "Berlim Ocidental" recorria a estradas e trens que atravessavam o território comunista. Durante o bloqueio, esses corredores foram fechados.

À DIREITA:
SOB SÍTIO
Durante os longos meses do Bloqueio de Berlim, o povo da cidade fez o possível para assegurar a autossuficiência. Aqui, o canteiro central da Berliner Strasse se transformou em local de plantio de frutas e legumes — e até tabaco.

PÁGINA AO LADO:
OBSERVAÇÃO DE AVIÕES
Por mais preocupante que fosse para os pais, o Bloqueio de Berlim foi uma época empolgante para os meninos, que adoravam observar o pouso e a decolagem dos aviões.

BERLINER-NOT-PROGRAMM
MIT
MARSHALL-PLAN-HILFE

A Cortina de Ferro já deixara de ser apenas uma barreira política e econômica: era agora uma barreira econômica aparentemente intransponível.

Havia um tipo de consenso flexível entre as potências de que, depois de um intervalo decente e salvaguardas cuidadosas, as partes Ocidental e Oriental da Alemanha voltariam a se unir como um estado neutro. A União Soviética favorecia esse resultado por acreditar que seria capaz de dominar discretamente a nova Alemanha; os Estados Unidos desconfiavam pela mesma razão. Assim, foi com o incentivo dos EUA que, na primavera de 1948, as autoridades da Alemanha Ocidental apresentaram os planos de criar uma nova moeda, o Deutsche Mark, que ameaçou tornar pétreas as diferenças.

PÁGINA AO LADO:
TRIAGEM DE RECURSOS
"Programa de Emergência de Berlim, com auxílio do Plano Marshall", diz o cartaz. A ajuda americana permitiu aos berlinenses ocidentais reconstruírem a cidade. Com o tempo, ela se tornaria um centro movimentado e bem-sucedido, uma afronta tecnológica de aço e concreto a Berlim Oriental, bastante sem graça e até sonolenta.

ABAIXO:
REVOLUÇÃO RENOVADA
Xangai comemora a proclamação da República Popular da China (RPC) em outubro de 1949. Os longos anos de guerra civil estavam no fim. Embora as relações entre a RPC e a URSS nunca fossem muito fáceis, essa foi uma vitória clara do comunismo — e uma dor de cabeça para o Ocidente.

As autoridades comunistas ficaram enraivecidas. Em 24 de junho, elas fecharam as estradas, ferrovias e canais que ligavam Berlim Ocidental à República Federal da Alemanha: a não ser pela ligação aérea, a cidade ficou isolada.

Uma ação tão ofensivamente excessiva exigia uma reação excessiva e quixotesca. Os governos ocidentais organizaram uma imensa ponte aérea para levar suprimentos para Berlim Ocidental. Nos quinze meses da ponte aérea, mais de um quarto de milhão de voos (278.228) transportaram mais de 2,3 toneladas de carga — alimentos, peças de máquinas, papel e até (uma quantidade enorme de) carvão. É claro que era loucura — mas, evidentemente justificada, resolveu o problema.

ROMPIMENTO DO BLOQUEIO

Organizada a princípio como medida de emergência, a ponte aérea de Berlim logo se mostrou uma oportunidade de propaganda: a procissão de aviões que iam e voltavam ridicularizou o cerco. Em pouco tempo, na verdade, o Bloqueio de Berlim mais parecia uma exibição de intransigência e truculência pouco inteligente por parte dos comunistas; a ponte aérea, uma demonstração do espírito proativo capitalista — um anúncio da riqueza e da abundância ocidentais. (Alguns aviões lançavam uma chuva de doces para as crianças empolgadas. Nenhum truque foi deixado de lado...)

Finalmente, sem graça, as autoridades da Alemanha Oriental suspenderam as restrições em 12 de maio de 1949 (embora, com medo de emboscadas, os britânicos e americanos continuassem levando suprimentos de avião por mais três meses). Alguns dias depois, em 23 de maio, a meta da reunificação agora claramente descartada, os parlamentares alemães ocidentais redigiram uma nova constituição como "República Federal da Alemanha" (RFA). Os colegas alemães orientais tiveram pouca opção além de imitá-los alguns meses depois com a criação da comunista "República Democrática Alemã" (RDA). A divisão constitucional só ressaltou a discrepância econômica que já existia nessa época entre as duas Alemanhas.

Até então, o Ocidente já tinha avançado ainda mais com a assinatura do Tratado do Atlântico Norte em 4 de abril de 1949 e a fundação da Organização do Tratado do Atlântico Norte (OTAN). Qualquer ataque a qualquer membro da organização seria considerado um ataque a todos.

PREOCUPAÇÃO COLONIAL

Não é que as potências ocidentais conseguiam tudo a seu modo nesse período. O Império Britânico se desfazia no Oriente. Desde meados de 1948, a "Emergência Malaia" (ou, como diziam os rebeldes, a "Guerra de Libertação") se alastrava. Se fosse uma guerra regular de independência nacionalista, já seria bastante preocupante para Londres; no contexto da Guerra Fria, a tendência esquerdista dos guerrilheiros piorava a situação. Na China, o líder comunista Mao Tsé-tung estava à beira da vitória na guerra civil contra os nacionalistas de Chiang Kai-shek. (Na verdade, muitos rebeldes malaios pertenciam à diáspora chinesa.)

Em termos gerais, em casa os britânicos tinham pouca noção do que a vida colonial realmente provocava, e as grandes plantações da Malásia e de Cingapura eram muito idealizadas. Na imaginação popular, cavalheiros espirituosos e damas elegantes, todos brancos, trocavam gracejos inteligentes enquanto bebericavam coquetéis em varandas abertas nas noites amenas. A floresta selvagem era apenas um cenário, e os nativos não brancos, meros figurantes obedientes que ressaltavam a civilização da cena.

Era uma fantasia agradável, mas baseada na mais colossal presunção e num preconceito absolutamente irrefletido sobre a simplicidade da população "nativa" e a "gratidão" que deveria demonstrar.

PÁGINA AO LADO:
CAÇA AOS COMUNISTAS
Um número desconhecido de nativos das tribos daiaques serviu nas forças britânicas durante a Emergência Malaia. A habilidade de rastrear e o conhecimento dos pontos mais selvagens da floresta os tornavam valiosíssimos como guias.

PAIX AU VIET-NAM
NEGOCIER AVEC HO-CHI-MINH
FRANCE

MARCHA PELA PAZ
Em fevereiro de 1949, manifestantes vietnamitas e franceses brancos marcham juntos na Praça da Bastilha, em Paris, para exigir o fim da Primeira Guerra da Indochina. Os contatos entre os movimentos de libertação do "Terceiro Mundo" e os intelectuais locais se tornariam um verdadeiro pesadelo para os governos do Ocidente.

No contexto de uma guerra de independência, isso se traduziu numa atitude de ressentimento ofendido e a disposição racista e impiedosa de cometer atrocidades do tipo mais cruel, inclusive a remoção, a prisão e a morte de civis e o massacre por atacado dos seus animais de criação.

BOMBA SOVIÉTICA

No fim da década de 1940, dois eventos ajudaram a dar paridade ao lado vermelho da Guerra Fria. Primeiro, em agosto de 1949, técnicos soviéticos testaram a primeira bomba atômica do seu país. Então, em 1º de outubro de 1949, foi proclamada a República Popular da China. Agora havia uma "Cortina de Bambu" para acompanhar a de ferro.

PÁGINA AO LADO:
MAO FAZ HISTÓRIA
O presidente Mao anuncia a criação da República Popular da China. Obviamente, foi um momento histórico para o país, mas também um evento significativo da Guerra Fria que complicou de várias maneiras imprevistas as relações Oriente-Ocidente e trouxe novas divisões dentro do próprio bloco comunista.

ABAIXO:
UMA BOMBA BOLCHEVIQUE
O sucesso do teste da primeira bomba atômica ("Primeiro Relâmpago") em 29 de agosto de 1949 foi importantíssimo para a URSS. Depois de anos aparentemente fora do ritmo dos capitalistas, parecia que algo como a paridade poderia ser restaurado — em capacidade militar, embora não em poder econômico.

Década de 1950

Em 1º de janeiro de 1950, a cidade de Washington acordou com um sol primaveril e temperaturas 7°C acima da norma do inverno. Mas qualquer ideia de que o clima geopolítico estaria melhorando foi prontamente anulada pela lembrança da ascensão de Mao na China e pela nova condição da União Soviética como superpotência nuclear. No entanto, algumas semanas depois a Guerra Fria chegou aos Estados Unidos com um arrepio especial. Em 9 de fevereiro de 1950, num discurso a mulheres republicanas em Wheeling, no estado da Virgínia Ocidental, o senador Joseph McCarthy denunciou os comunistas que afirmava terem "infestado" às centenas o nível mais alto do governo americano e mostrou uma lista que disse conter 205 nomes. Nos meses e anos seguintes, como líder do Comitê Tydings (subcomitê do Comitê sobre Relações Internacionais do Senado), McCarthy presidiu o que se poderia chamar de inquisição americana. Políticos, assessores, autoridades e figuras públicas, como artistas e atores, foram forçados a se defender (em geral, denunciando os outros).

PÁGINA AO LADO:

O GRANDE INQUISIDOR

Joseph McCarthy personificou o combate à "ameaça vermelha" nos Estados Unidos durante o pós-guerra e provocou um frenesi paranoico na vida pública. A sugestão de que o zelo persecutório vinha do medo de descobrirem sua homossexualidade faz sentido em termos psicológicos, mas nunca foi comprovada.

COMMUNIST PARTY ORGANIZATION U.S.A. FEB. 9, 1950

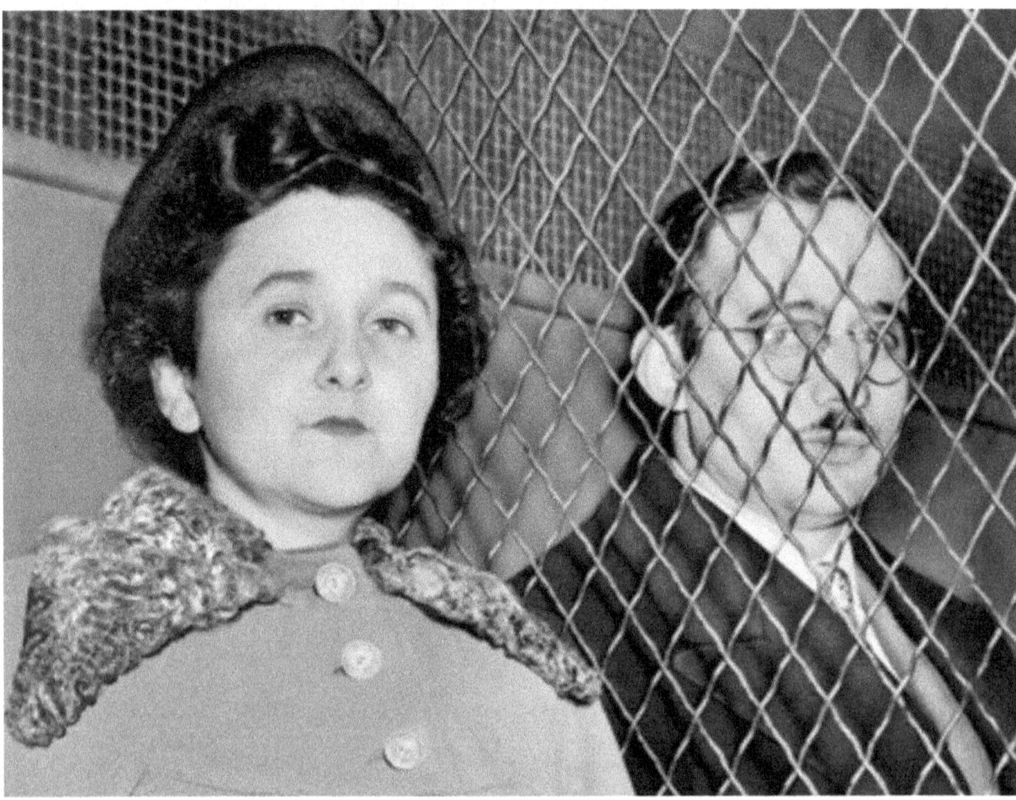

PÁGINA AO LADO, NO ALTO:

O INIMIGO INTERNO

McCarthy mapeia o problema com a pretensão de mostrar a extensão do ativismo comunista no exército americano. A princípio, essas sessões televisionadas do Senado tiveram um forte impacto público, mas a autopromoção de McCarthy se mostrou tão tediosa e obstinada que, nessa época (março de 1954), o público já estava se cansando.

PÁGINA AO LADO, EMBAIXO:

ESPIÕES SOVIÉTICOS

Os críticos que tentaram indicar cautelosamente que McCarthy gerava um medo exagerado foram calados pelo processo de Julius e Ethel Rosenberg em 1950. O casal foi executado em 1953.

NESTA PÁGINA, NO ALTO:

ENQUADRADOS?

A raça sempre foi um ponto de atrito na psique nacional americana, e certamente os anos de McCarthy não foram exceção. Mesmo assim, os espectadores acharam difícil ver na funcionária pública Annie Lee Moss, personificação da honestidade e da respeitabilidade, a agente soviética que McCarthy queria que vissem.

NESTA PÁGINA, EMBAIXO:

DEMONSTRAÇÃO DE FORÇA

Os apoiadores de McCarthy fazem sentir sua presença num comício em Washington, em novembro de 1954. Mas, fora do salão, o público começava a perder o interesse.

McCarthy se sentiu justificado com a prisão de Julius e Ethel Rosenberg no verão de 1950. No clima da época, o fato de serem judeus de Nova York já era uma condenação em si, mas eles enfrentaram acusações mais graves. Embora ambos fossem membros do Partido Comunista, Julius foi cientista do governo, ligado ao programa de armas atômicas. Com a ajuda da esposa, passou segredos aos agentes de contato soviéticos.

"AMEAÇA VERMELHA"

Ainda assim, a "ameaça vermelha" superava a realidade. Os Estados Unidos estavam em guerra consigo mesmos. Quem fosse marcado como "comunista" ou mesmo como "simpatizante" não conseguia mais emprego. Os grupos que já tinham fama de vida secreta (como os homossexuais) ou lealdade cosmopolita (como os judeus) passaram a ser duplamente suspeitos.

Mas McCarthy exagerou. As pessoas se cansaram da indignação incessante e da exigência de vigilância cada vez maior. Diante da realidade humana das vítimas e da tendência megalomaníaca que viam nele, os americanos perderam a simpatia pela sua cruzada.

Mas realmente existiam americanos de esquerda que, por mais elevada que fosse a sua motivação, se dispunham a derrubar o seu país e apoiar a União Soviética, que, levada por agressões ou pelo medo, queria aumentar sua força às custas dos Estados Unidos.

UNIDOS NA VITÓRIA
Quinto aniversário do fim da Segunda Guerra Mundial. Em 8 de maio de 1950, cerca de 5 mil comunistas alemães, inclusive o primeiro-ministro Otto Grotewohl e seu vice Walter Ulbricht, receberam dignatários soviéticos no memorial de guerra de Treptow, em Berlim Oriental.

ALÉM DOS LIMITES
Soldados americanos invadem Incheon, no litoral oeste da Coreia, em 15 de setembro de 1950. O sucesso desse ataque anfíbio ousado (alguns diriam temerário), numa época em que o Exército Popular da Coreia arrastava tudo à sua frente, ajudaria a abrir caminho até Seul.

Desde 1945, a URSS consolidava seu controle da Europa oriental e efetivamente, estabeleceu um império na região. E, de acordo com o padrão estabelecido em países como a Grécia e o Vietnã, o país embarcou numa sucessão de "guerras por procuração".

Com a conclusão da Segunda Guerra Mundial, a Coreia se dividiu no norte comunista (a República Popular Democrática da Coreia) e o sul apoiado pelos capitalistas (a República da Coreia). Embora comunista declarado, Kim Il-sung, da Coreia do Norte, era movido principalmente pelo desejo de poder absoluto. Syngman Rhee, seu colega do sul e defensor do "modo de vida americano", dizia se preocupar com a corrupção do país. Os dois líderes eram leais a seus apoiadores na Guerra Fria e nenhum deles aceitava a legitimidade do paralelo 38 (latitude 38° Norte) como fronteira.

No entanto, foi Kim que, em 25 de junho de 1950, mandou seu Exército Popular da Coreia (EPC) atravessar a fronteira e pegar as forças sulistas no cochilo. Em três dias, suas tropas tomaram Seul. Na verdade, não foi difícil. Os americanos também cochilavam. A falta de confiança no subordinado corrupto os deixou cautelosos na prestação de ajuda militar, e eles ainda não tinham entendido o plano estratégico de Moscou.

REAÇÃO RETARDADA

Agora, eles o viram e agiram depressa: enviaram auxílio e homens com o apoio da Grã-Bretanha e de outros aliados. As limitações do EPC e as longas linhas de suprimento começaram a se revelar depois do ousado e decisivo ataque anfíbio dos Estados Unidos a Incheon, em setembro de 1950. As forças americanas avançaram rapidamente com o general Douglas MacArthur, que, por iniciativa própria, as levou pelo paralelo 38 até o Norte. Excedendo-se de forma escandalosa, ele montou uma invasão da Manchúria e trouxe para a guerra a China enraivecida. O Exército de Libertação Popular da China fez as forças americanas fugirem de volta para o sul, com MacArthur falando da necessidade de usar a bomba atômica.

MacArthur comandou o exército americano no Extremo Oriente durante a Segunda Guerra Mundial e aceitou a rendição do imperador em Tóquio. Personagem público e conscientemente heroico, sabia-se que tinha ambições políticas como possível candidato republicano à presidência, e era inevitável que essa conduta praticamente amotinada na Coreia fosse vista em relação ao seu histórico. O presidente Truman, como era natural, ficou horrorizado. O mesmo aconteceu com os aliados dos Estados Unidos na OTAN, que achavam que tinham sido atraídos para uma situação muito maior e mais arriscada do que o previsto.

Sem cerimônias, Truman demitiu o comandante. O substituto, general Matthew Ridgway, travou uma guerra mais cautelosa. Muitos milhares ainda morreriam nos dois lados, mas finalmente a luta se reduziu até a trégua iniciada em 27 de julho de 1953, que deixou a fronteira exatamente onde ficava antes.

PÁGINA AO LADO:
HORA DA PAUSA
A guarnição de um tanque M24 da 24ª Divisão de Reconhecimento do exército americano descansa entre combates na frente do rio Nakdong. Travada em agosto e setembro de 1950, essa ação fez parte da batalha mais ampla do Perímetro de Busan, na qual as forças americanas repeliram o avanço do exército norte-coreano.

RETIRADA ESTRATÉGICA
A intervenção da China na Coreia deixou o conflito irreconhecível. Desenfreadas havia poucos dias, as forças americanas tiveram de dar uma meia-volta abrupta e correr para o sul. A guerra durou mais dois anos, e sua conclusão foi uma vitória modesta para o Ocidente por ter repelido a invasão da Coreia do Norte — e ensinado uma lição sobre a ambição soviética no mundo.

YOU ARE NOW CROSSING
38TH PARALLEL
US COB 728MP

As várias guerras por procuração inspiraram nos líderes americanos o entendimento de que ajudar o "inimigo do meu inimigo" exigiria algumas amizades decididamente duvidosas. Uma delas foi o ditador espanhol Francisco Franco. Depois de mergulhar a Espanha numa guerra civil sangrenta (1936–1939), que venceu com ajuda de Hitler e Mussolini, Franco confirmou-se no poder com uma cruel campanha de repressão. Ele permaneceu neutro durante a Segunda Guerra Mundial. Então, como anacronismo vivo depois da suposta derrota do domínio da extrema direita na Europa, ele governou o que, praticamente, era um estado fascista. Fosse o que fosse, contudo, é preciso admitir que o general Franco não era comunista. Apesar da considerável relutância, o presidente Truman cedeu a se abrir para a Espanha de Franco e chegou a suspender a proibição anterior à inclusão do país no Plano Marshall.

O CREDO DO APÓSTOLO

O idealismo, ainda que equivocado, parece ter movido traidores americanos como os Rosenberg; enquanto a ironia parece ter movido seus equivalentes na Inglaterra. Um grupo de alunos espertos de Cambridge, membros de uma misteriosa (embora não muito secreta) sociedade intelectual chamada Os Apóstolos, adotou o comunismo como seu credo na década de 1930.

Para sermos justos, a década da Grande Depressão foi um período de privação desesperadora para a classe trabalhadora, tanto na Inglaterra quanto em outros países, e o sistema capitalista parecia à beira de desmoronar. Assim, o interesse pela ideia da mudança revolucionária não era perverso por si só. Mas não há dúvida de que membros como Guy Burgess, Donald Maclean, Harold "Kim" Philby e Anthony Blunt se achavam especiais, seu extremismo político fazendo deles figuras um tanto curiosas e aberrantes. Assim como a homossexualidade de Burgess e Blunt e a promiscuidade heterossexual de Philby, era algo que proclamava sua excentricidade ao mundo.

O comunismo os atraiu como um tipo de clube superexclusivo do qual participaram até a década de 1950, apesar de servirem nos escalões mais altos do sistema de espionagem britânico. Donald Maclean chefiava a seção americana do Foreign Office do Reino Unido quando, em 1951, sua traição foi descoberta e ele, forçado a fugir para a URSS. Guy Burgess, diplomata em Washington, foi com ele, embora ainda não estivesse comprometido. Kim Philby seria o próximo em 1963. (Anthony Blunt ficaria na Inglaterra, com uma bela carreira como historiador da arte, e acabou encarregado dos quadros da rainha. Só foi desmascarado em 1983.)

Enquanto isso, a vida continuava na Guerra Fria. A Grã-Bretanha se tornou uma potência nuclear com o sucesso do teste de uma bomba atômica em 3 de outubro em Main Bay, na ilha Trimouille do arquipélago de Montebello, na Austrália Ocidental. Mas era uma brincadeira de pique, pois algumas semanas depois os americanos testaram a primeira bomba H (de hidrogênio); o Reino Unido teria de se acostumar a ficar em segundo plano.

PÁGINA AO LADO:
OCULTO EM PLENA VISTA
Filho de um parlamentar liberal, ou seja, do Establishment e, portanto, acima de qualquer suspeita, em Cambridge Donald Maclean não escondeu sua simpatia pelo comunismo. Aluno brilhante, avançou sem esforço até um cargo no Foreign Office e chegou ao serviço diplomático, comunicando-se com os seus contatos de Moscou o tempo todo.

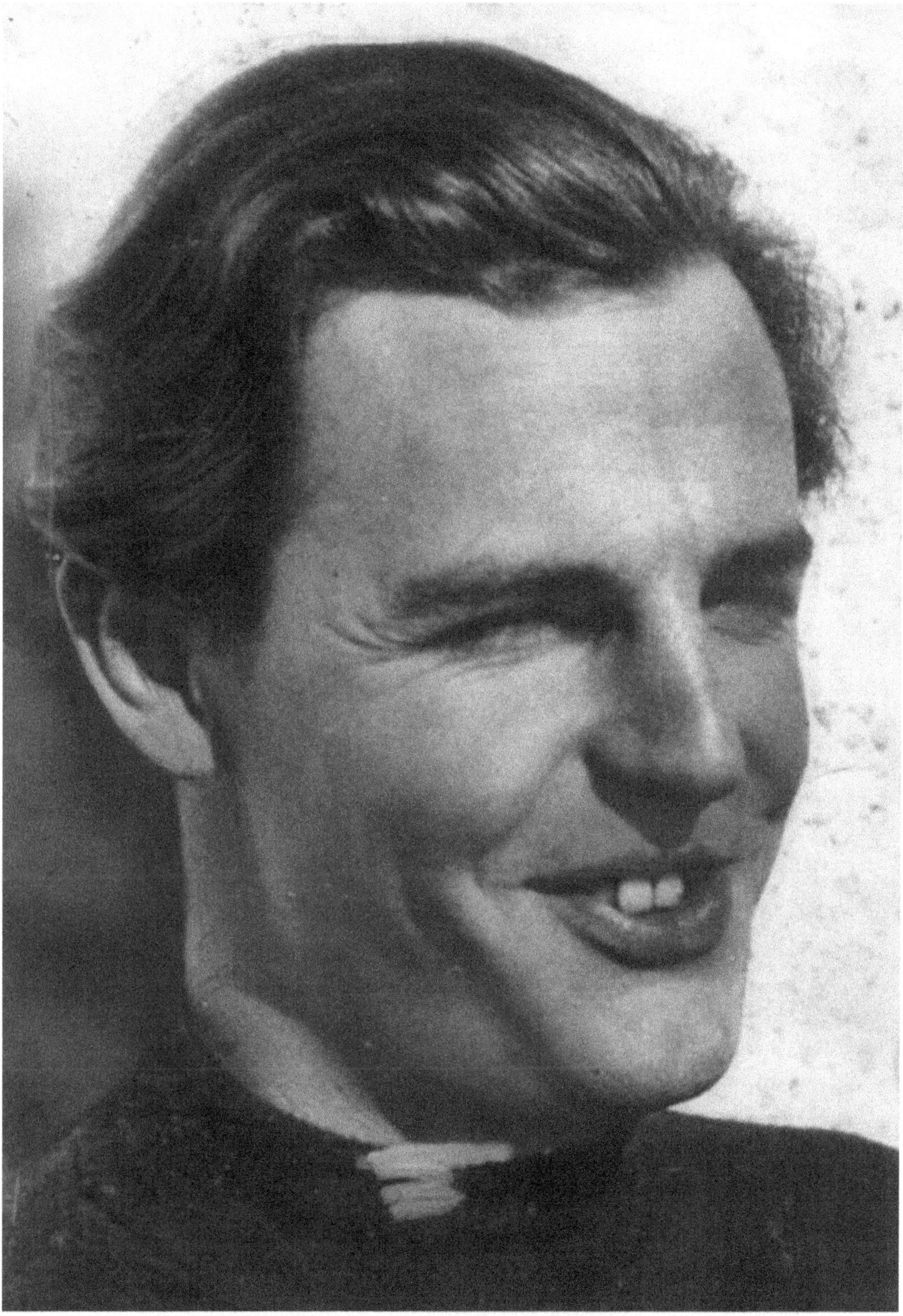

AMIGOS EXTRAVAGANTES
A sociedade inglesa do pós-guerra é considerada austera em termos econômicos e culturais. E era, mas tinha um certo gosto por excêntricos. Embora ainda ilegal, a homossexualidade era amplamente aceita nos círculos sociais da elite aos quais Guy Burgess (à esquerda) e seu amigo Tom Driberg, parlamentar trabalhista de esquerda ofensivamente "extravagante", pertenciam.

ГОСТИНИ
„СОВЕТС

HO CHI MINH
O homem que levou o Vietnã à liberdade era um intelectual sério. No início da vida, viajou muito como cozinheiro de navios. Sustentou os estudos trabalhando como auxiliar de cozinha na França e na Grã-Bretanha — e, por pouco tempo, até nos Estados Unidos — antes de passar um tempo na recém-fundada União Soviética.

Não que os comunistas não tivessem os seus problemas. Em 1953, o governo do estado de trabalhadores da Alemanha Oriental cometeu a ignomínia de enfrentar um levante. A repressão violenta seria satirizada com sarcasmo abrasador pelo dramaturgo exilado (e marxista) Bertolt Brecht. Nessas circunstâncias absurdas, ele sugeriu que só havia uma solução: o governo teria de dissolver o povo e eleger outro.

O mundo continuava à sombra da Segunda Guerra Mundial. O presidente americano Harry S. Truman, que deu a ordem de bombardear Hiroshima e Nagasaki, permaneceu no cargo até 1953. Em certo sentido, os americanos ainda sentiam que estavam em situação de guerra. Dificilmente seria provável que isso mudasse com a eleição de Dwight D. Eisenhower, famoso por ter sido comandante supremo da Força Expedicionária Aliada na Europa de 1943 a 1945.

AS GUERRAS DO PETRÓLEO

No entanto, com novos conflitos surgindo em lugares distantes, a lembrança da Segunda Guerra Mundial começava a se dissipar, enquanto se afirmavam novas prioridades geopolíticas. Em março de 1951, por exemplo, um governo de esquerda nacionalizou o setor do petróleo no Irã, causando muito ultraje no governo britânico, que tinha participação majoritária na Anglo-Persian Oil Company. Os Estados Unidos talvez não se importassem com a perda financeira dos britânicos, mas temiam as ideias comunistas que pareciam se espalhar pelo mundo.

Assim, em agosto de 1953, a Central Intelligence Agency (Agência Central de Inteligência, CIA), deu apoio a um golpe promovido pelos britânicos. Mohammad Mosadegh, o primeiro-ministro eleito do Irã, foi deposto. Mohammad Reza Pahlavi,

seu substituto, já tinha reinado alguns anos como xá do Irã, mas num papel que, pela constituição, era praticamente ornamental. Ele se tornou um ditador dos mais repressores.

DERRUBADA DE ÁRBENZ

Aparentemente, tornar o mundo seguro para a democracia, nas palavras de Woodrow Wilson, envolvia agora o reconhecimento de que alguns países (menores, mais pobres) teriam de abrir mão da liberdade em nome do bem maior. Jacobo Árbenz, presidente eleito da Guatemala, era admirador declarado dos Estados Unidos. Esperava levar para o seu país um sistema no estilo americano e disseminar esses valores por toda a América Central.

Mas os americanos tinham os seus direitos, e o maior empregador da Guatemala, a United Fruit Company, achava mais lucrativo operar num país onde o povo não os tivesse. A empresa fez objeção ao plano de Árbenz de distribuir entre os pequenos agricultores vastas áreas de terra que ela deixava improdutivas. Encontrou ouvidos receptivos em Washington, onde os assessores políticos se dispunham a ver qualquer programa de reformas como um passo na ladeira escorregadia que só poderia levar a Moscou. Assim, com apoio da CIA, um grupo de militares derrubou Árbenz e pôs Carlos Castillo Armas na presidência. Seguiram-se vários anos de repressão selvagem.

JOGO DE DOMINÓ

Na prática, ficava claro que seria possível justificar quase qualquer coisa em nome do anticomunismo. Em abril de 1954, Eisenhower proclamou sua teoria. Ele falou a repórteres sobre o conflito em andamento na Indochina e citou o princípio da "queda de dominós". Quando há uma fila de dominós em pé, ao ser derrubada, o primeiro derruba o seguinte, que derruba o seguinte etc. — até todos caírem. É claro que os dominós eram países num mundo em que a agitação e a revolução eram fomentadas pelas superpotências comunistas — a URSS e a China — e seus subordinados. Quando um país se tornava comunista, o seguinte tomava coragem (se não recebesse ajuda direta). Em pouquíssimo tempo, boa parte do mundo livre cairia.

AU REVOIR, INDOCHINE

Como se ilustrasse o argumento de Eisenhower, dali a algumas semanas tropas francesas entrincheiradas em Dien Bien Phu, a noroeste de Tonkin, no norte do Vietnã, foram expulsas depois do cerco resoluto de insurgentes de Ho Chi Minh. Os Estados Unidos, embora não envolvidos oficialmente, supriam a força expedicionária francesa no Extremo Oriente, e o golpe também atingiu o orgulho americano. Era igualmente um caso a pensar, dadas as prováveis consequências. As conversações de Genebra ordenaram no Vietnã uma divisão semelhante à da Coreia, com o norte apoiado pelos soviéticos e o sul pelos EUA (a República do Vietnã).

Mas o Vietnã não era o único "dominó" em jogo. Nominalmente, o vizinho Camboja se tornou uma monarquia constitucional com a partida dos franceses, mas o rei Sihanouk sofria pressão do comunista Khmer Vermelho. No Laos também se estabeleceu um reino pós-colonial que sofria pressão comunista das forças rebeldes do Pathet Lao.

PÁGINA AO LADO:
OPERAÇÃO RANGER
Espantados, soldados americanos assistem ao teste de um dispositivo atômico em Frenchman Flat, no estado de Nevada, em 1951. Esse foi um dos cinco dispositivos lançados de bombardeiros B-50D para explodir no ar acima do lago seco.

CHEVROLET

PRONTOS PARA A AÇÃO
O chamado "Exército de Libertação" de Armas era uma mistura esfarrapada de mercenários recrutados em toda a América Central. Aqui, eles se agrupam em Chiquimula, perto da fronteira de Honduras, onde tinham se reunido originalmente, prontos para partir para a frente de batalha e se unir à luta.

ACIMA:
DEFESA CIVIL
Crianças de Newark, no estado americano de Nova Jersey, se refugiam embaixo das carteiras num treino para ataques nucleares, em fevereiro de 1952. Esses exercícios passariam a ser comuns na vida escolar americana.

À DIREITA:
NUVEM DE GLÓRIA
O sucesso da detonação de uma bomba atômica nas ilhas Montebello, na Austrália Ocidental, em 3 de outubro de 1952, garantiu a entrada da Grã-Bretanha no ainda exclusivo clube nuclear.

PÁGINA AO LADO:
O "TSAR VERMELHO" DORME
Finalmente em paz, o falecido ditador Stálin deixou ao país um legado de trauma — e uma nova ânsia de liberdade em seu império.

93

DÉJÀ VU
Apenas oito anos depois que o Exército Vermelho entrou com estrondo em Berlim para acabar com a Segunda Guerra Mundial, os tanques soviéticos voltaram à ação nas ruas da cidade. Dessa vez, reprimiam trabalhadores rebelados contra o governo-títere no levante de junho de 1953.

Os liberais desdenhariam a fé quase fanática de sucessivos governos americanos na chamada "Teoria do Dominó", mas não há dúvida de que ela parece ter nascido ali.

DITADURA DENUNCIADA

Enquanto os Estados Unidos justificavam o seu apoio a governos autoritários do mundo inteiro, a União Soviética cambaleava com o impacto do seu. De certa forma, a morte de Stálin em 1953 foi obviamente uma libertação, mas o país ainda tentava fazer as pazes com a fúria assassina deflagrada por ele. Milhões foram mortos pela perseguição paranoica; outros milhões pela fome causada pelas políticas implacáveis; houve um número desconhecido de famílias desfeitas pelas prisões e deportações em massa.

Não que os fundamentos tivessem mudado. O totalitarismo ainda reinava na URSS antidemocrática. Mas, embora leal ao Partido Comunista, Nikita Kruschóv não era um monstro. Ao ver que o país tinha a necessidade

ACIMA:
MISSÃO CUMPRIDA
O general Vo Nguyen Giap observa o campo de batalha de Dien Bien Phu depois da vitória histórica das suas tropas. A derrota final dos franceses só traria uma breve trégua aos defensores do Vietnã, ainda assim foi um triunfo — e um estímulo potente aos "combatentes da liberdade" do mundo inteiro.

PÁGINA AO LADO, NO ALTO:
DISCUSSÃO NA ÚLTIMA TRINCHEIRA
Um grupo de oficiais franceses discute tática enquanto a batalha de Dien Bien Phu continua no lado de fora; esse embate amargo duraria mais de sete semanas. A França sabia muito bem que a derrota traria o fim do seu domínio colonial no Extremo Oriente; os atacantes vietnamitas sabiam que aquele era o único caminho para a liberdade.

PÁGINA AO LADO, EMBAIXO:
EXTREMA DIREITA?
Um soldado francês observa um avião ser derrubado em Dien Bien Phu. Por piores que fossem os motivos soviéticos, a sua ajuda "fraterna" permitiu que os rebeldes vietnamitas combatessem uma potência europeia em termos mais igualitários.

de alguma forma de cura, denunciou o antecessor no 20º Congresso do Partido Comunista Soviético, em 25 de fevereiro de 1956, e condenou "a sua intolerância, brutalidade e abuso do poder".

Bastante justo, mas, como muitos camaradas de Kruschóv passariam a sentir, o falecido ditador pelo menos manteve a ordem no bloco oriental. Kruschóv começou bem e reagiu à admissão da Alemanha Ocidental na OTAN em 1955 com a criação do "Pacto de Varsóvia". Isso uniu os países da Cortina de Ferro numa aliança defensiva que também deveria fortalecer a autoridade da URSS. Mas, em junho de 1956, a greve numa fábrica de locomotivas de Poznań, na Polônia, se transformou em protesto generalizado contra o governo comunista e foi violentamente sufocada pelas autoridades.

AJUDA À HUNGRIA

Ainda mais grave foi o levante de outubro daquele ano na Hungria. Novamente, a agitação começou com a insatisfação dos trabalhadores com o tratamento recebido de um partido comunista que afirmava governar em seu nome. Eles ocuparam Budapeste e outras grandes áreas. Chegaram a estabelecer um governo que suplantava o domínio do partido com um Conselho de Ministros presidido pelo socialista reformista Imre Nagy.

Sob fogo, Kruschóv teve pouca alternativa além de ordenar a invasão imediata. Seguiram-se dias de luta feroz na qual os rebeldes, em transmissões pela principal estação de rádio de Budapeste, clamaram, com desespero cada vez maior, pela ajuda das potências ocidentais. Os chamados caíram em ouvidos moucos. Inevitavelmente, o domínio comunista foi restaurado sob Janos Kadar, fiel primeiro-secretário do partido.

ABERTURA DO CANAL

Jamais seria fácil para o Ocidente intervir na Hungria, que estava formalmente na esfera soviética. O fato de Kruschóv estar tão claramente sitiado não reduzia o nervosismo; afinal de contas, a URSS era uma potência nuclear. Mas, de qualquer modo, os países ocidentais se distraíram com os grandes eventos no Egito, onde se desenrolava outra crise internacional.

Levado ao poder pelo voto popular em 1952, o presidente Gamal Abdel Nasser embarcou num programa ambicioso de reforma agrária. Desdenhado pelo Ocidente, ele se aproximou dos soviéticos, que lhe venderam armas e, assim, levaram os governos ocidentais a retirarem as ofertas de auxílio ao projeto da Represa de Assuã.

Em resposta, no fim de outubro de 1956, Nasser nacionalizou o Canal de Suez, administrado por uma empresa pertencente à França e à Grã-Bretanha. Embora Eisenhower fosse contra, a Grã-Bretanha e a França enviaram paraquedistas à Zona do Canal, enquanto Israel invadia o Egito pelo Sinai. As tropas egípcias nas margens fugiram, mas antes afundaram as embarcações ao longo do canal, deixando os supostos vencedores com um prêmio inútil. Um revés para o Ocidente como um todo, o episódio foi calamitoso para a Grã-Bretanha, cuja condição de potência estritamente secundária foi ressaltada com toda a ênfase.

PÁGINA AO LADO:
REZANDO POR VINGANÇA
María Trinidad Cruz, única mulher a lutar no "Exército de Libertação" guatemalteco do direitista Armas, faz uma oração diante do túmulo do marido morto por soldados de Árbenz. O comunismo era orgulhosamente ateu, embora os seus aliados não precisassem ser, e era natural que a iconografia da fé se transformasse em arma contra ele.

ACIMA:

MOSTRAR AO MUNDO

"Defenderemos nossa liberdade e independência até a última gota de sangue." Gamal Abdel Nasser mobiliza as suas forças num discurso a cadetes em 18 de setembro de 1956. Sem dúvida, a sua postura foi uma inspiração para os movimentos revolucionários do mundo. A crise do Canal de Suez mostrou o Ocidente como opressor de "países pequenos" na mesma época em que a União Soviética esmagava a Hungria.

PÁGINAS SEGUINTES:

OS ADULTOS CHEGARAM

Um contingente de soldados da ONU chega a Port Said, no Egito, para restaurar a ordem na confusão que acompanhou a crise do Canal de Suez em 1956. As ações dramáticas de Nasser em relação ao canal foram chamadas de exibição irresponsável pelos comentaristas ocidentais, mas lhe conquistaram a admiração de muitos países mais pobres.

PÁGINA AO LADO, NO ALTO:

BRUTAMONTES SOB MEDIDA

Uma turba de justiceiros de classe média faz uma demonstração de força anticomunista nas ruas de Teerã na campanha pelas eleições iranianas de 1954. Nem precisava: a eleição foi claramente fraudada para dar ao xá o endosso que buscava.

PÁGINA AO LADO, EMBAIXO:

UM DÉSPOTA GENEROSO

Por mais que o desprezasse, o xá viu que as políticas de Mosadegh eram populares entre os iranianos comuns. Quando subiu ao poder, ele traçou uma trajetória astuta entre a repressão total e a benevolência paternalista. Aqui, um camponês lhe agradece pela terra que ganhou com a "reforma agrária" (simbólica) do governo.

MILITARY POLICE
47
B

SACRIFÍCIO SOCIALISTA
Cena de rua em Budapeste em outubro de 1956. Esses eventos atormentaram o Ocidente, que se sentia culpado por não ajudar os húngaros num momento de necessidade. Mas também incomodavam a consciência do bloco oriental, cujo povo via que os seus vizinhos tinham chegado pertíssimo de conquistar a liberdade. E que os senhores soviéticos, supostamente protetores da classe trabalhadora, não se esforçaram sequer para fingir que se importavam em obter seu consentimento.

RÁKÓCZI
376

A FRONTEIRA ACIMA

Nesse ponto, ninguém questionaria a sério a condição de superpotência da União Soviética. Não que alguém se interessasse em fazer isso. A Guerra Fria não foi apenas um episódio ou uma sucessão de eventos; foi uma lógica, um modo de pensar, um estado de espírito. Ainda que obviamente fosse bom para os soviéticos se apresentarem como maior força militar diante dos seus aliados e partidários pelo mundo, não era do interesse dos governantes dos Estados Unidos contradizer essas afirmações.

Só em 1961 o presidente Eisenhower deu nome ao "complexo industrial-militar", mas é claro que ele já existia. Fosse ou não genuína, a ameaça soviética justificava um vasto esforço econômico e tecnológico dos Estados Unidos, onde se projetaram e construíram encouraçados, bombardeiros, tanques, submarinos e armas leves maiores e melhores. Essa ameaça podia ser assustadora para os americanos comuns, mas muitas dezenas de milhares dependiam dela para ganhar a vida, tanto os alistados nas forças armadas quanto os empregados nas indústrias de apoio.

A economia americana passou a depender da ameaça soviética. Não era interesse de ninguém reduzi-la. É sempre possível argumentar que esse enorme esforço poderia se dedicar a uma meta mais digna e todos esses talentos e recursos, aplicados de modo mais adequado. Entretanto, no mundo real a Guerra Fria ajudou a erguer os Estados Unidos da estagnação econômica do pós-guerra e a provocar um tipo de renascimento tecnológico.

Assim, foi um choque especial quando, em 1957, a URSS lançou o seu primeiro satélite, o Sputnik I. Orgulhosos e magnânimos, os soviéticos fizeram o maior escarcéu sobre o significado da sua realização para a humanidade. E não mentiam: era mesmo incrível que o homem enviasse um objeto para o espaço. Mas o fato de ser um homem comunista ficou entalado na garganta do capitalismo.

SALTO NO ABISMO

Com a União Soviética subindo ao espaço, a China corria para decolar também. Em 1958, o país começou o "Grande Salto Adiante". A coletivização em massa da agricultura foi imposta nas barbas da oposição dos camponeses de postura tradicional — ou "contrarrevolucionários", como os apoiadores de Mao os chamavam, o que fez de sua denúncia um foco de fúria pública. Os ativistas locais organizaram "sessões de luta" em que os camponeses recalcitrantes eram expostos à comunidade para serem xingados, humilhados e surrados até confessar todo tipo de atividade antissocial. Exércitos de camponeses puseram-se a trabalhar para cavar valas de irrigação e drenagem e ampliar a rede de estradas pavimentadas do país. Uma imagem impressionante, mas, quanto mais esses homens e mulheres trabalhavam em projetos de infraestrutura, menos atenção davam aos arrozais. Isso não importava para Mao, para quem a aparência de modernização era mais importante do que a realidade. Daí vieram as fornalhas surgidas nos quintais de todas as aldeias, nas quais se jogava todo tipo de sucata — para ser derretida em "aço" inútil. Na verdade, o Grande Salto Adiante foi um fracasso ainda mais feio devido aos milhões assassinados como dissidentes ou mortos na fome causada pelo desastre agrário.

PÁGINA AO LADO:
CORPO CELESTE
Um técnico soviético trabalha no Sputnik I. O satélite foi lançado em 1957, para o espanto do mundo e o choque dos Estados Unidos. O comunismo era um credo materialista. Na ausência de religião, investia toda a sua reverência na ciência e na tecnologia.

PÁGINA AO LADO:

SAUDANDO O FUTURO

Os aldeões chineses se alegram com a chegada de uma frota de tratores na época do Grande Salto Adiante. Prometeram-lhes que a modernização revolucionaria a vida. Na prática, a coletivização foi mal projetada e insensível às necessidades locais. A produção despencou, houve fome e milhões de pessoas morreram.

ACIMA:

PRONTO PARA RECLAMAR

Carrancudo ao lado de Andrei Gromyko, o seu sisudo ministro das relações exteriores, Nikita Kruschóv se prepara para falar nas Nações Unidas em 1959. Por mais reais que fossem as tensões da Guerra Fria, boa parte da "música ambiente" era feita de pequenos triunfos e perdas de prestígio: aqui, o chilique de Kruschóv foi da segunda categoria.

ACIMA:
CHE TRIUNFANTE
Ainda não icônico, mas já influente, o argentino Ernesto "Che" Guevara foi um patrimônio inestimável da Revolução Cubana. Aqui, ele está ao lado de um tanque em Santa Clara, em 1º de janeiro de 1959, depois da vitória culminante dos rebeldes contra o regime de Fulgêncio Batista.

SURGE CASTRO

O comunismo ia melhor no Caribe, onde os rebeldes cubanos de Fidel Castro, em armas desde 1953, ganhavam terreno. Apesar da crueldade e da corrupção do regime de Fulgêncio Batista, apoiado pelos EUA, os cubanos comuns relutavam em se revoltar. O "extravagante" Fidel não era uma caricatura; ele demonstrou determinação obstinada na causa e comandou os seus guerrilheiros durante longos anos de vida difícil na Sierra Maestra, sem nenhuma possibilidade óbvia de vitória. Só em 1959 os rebeldes entrariam triunfantes em Havana.

"LEI OU BANDITISMO?"

A União Soviética conseguia enviar satélites ao espaço, mas tinha dificuldade de proteger seu espaço aéreo de aviões-espiões americanos. Nikita Kruschóv ficou tão irritado que, no seu discurso na ONU em setembro de 1959, saiu do roteiro para fazer uma diatribe azeda contra o comportamento ilegal dos Estados Unidos. Com fúria, ele chegou a descalçar o sapato e batê-lo no púlpito para mostrar a força da sua ofensa e do seu desprezo. De certa forma, uma pena: o discurso oficial era uma declaração séria e elegante do apoio da URSS ao fim do colonialismo no mundo.

O CAMINHO DA RESISTÊNCIA

Nisso, o Exército do Vietnã do Norte (EVN) estava abrindo a chamada "trilha Ho Chi Minh", uma série de vias exíguas para permitir que provisões e material bélico fossem levados a pé e de bicicleta até o interior do Vietnã do Sul, onde os guerrilheiros vietcongues enfrentavam as tropas do governo de Ngo Dinh Diem, apoiado pelos Estados Unidos. Boa parte da sua extensão atravessava o Laos, o que trazia segurança no curto prazo, mas, depois, arrastaria esse país para o conflito.

PÁGINA AO LADO:
TREINO COM FUZIS
Fidel Castro, de aparência acadêmica — ainda não o aventureiro fardado que surgiria mais tarde —, ajuda a treinar um recruta rebelde na arte elementar da guerra. Além da existência em Cuba de muita pobreza e injustiça, o carisma de Fidel foi essencial para o sucesso da revolução.

Década de 1960

A ressaca de Ano-Novo mal tinha passado quando, em 2 de janeiro de 1960, John Fitzgerald Kennedy anunciou sua pré-candidatura para concorrer à indicação democrata para a presidência americana. Com 43 anos, "Jack" Kennedy seria o candidato democrata mais jovem da história; sua decisão de concorrer foi um sinal, primeiro para Washington, depois para o mundo.

A época que chamamos de "anos sessenta" — a música, as drogas, os hippies, o "amor livre" — sem dúvida só aconteceu depois da metade da década. Mas se, em geral, os anos anteriores pareceram um adendo austero da década de 1950, de certo modo o carisma de Kennedy exaltou o período. Apesar de sua ficha distinta na guerra, ele não parecia "pertencer" a esse passado como Truman e Eisenhower. Era um personagem cheio de promessas para o futuro.

É verdade que havia um lado mais obscuro em John F. Kennedy. Toda a sua campanha foi administrada pelo pai Joseph P. Kennedy Sr., simpatizante nazista por algum tempo e ligado às grandes quadrilhas. Portanto, uma sombra penderia sobre a eleição de John F. Kennedy, e parecia que ele tinha os seus demônios.

PÁGINA AO LADO:

FIDEL E AMIGOS

Tratado pelo primeiro nome no mundo inteiro, Fidel era um tipo de comunista novo e diferente: jovem, extravagante e divertido em vez de velho, sério, sem graça e austero. Aqui, ele dá uma coletiva de imprensa no Hotel Theresa, no Harlem, antes de falar às Nações Unidas em Nova York.

Apesar da tentativa de retratar as conquistas amorosas como mera exuberância do "garoto Jack", os bem-informados de Washington viam nisso um impulso mais frenético e até desesperado. Em resumo, a esperança que ele oferecia era restringida por um medo sem nome e um vago mau presságio. Um herói ambíguo para uma década ambivalente.

Fidel Castro, líder de Cuba, era ainda mais novo: tinha apenas 34 anos quando, em setembro de 1960, foi a Nova York falar às Nações Unidas. Chamado de "Fidel", parecia amigo do mundo inteiro; deu um rosto amistoso a uma ideologia que parecia severa e sem alegria e uma certa ginga à marcha do progresso.

Como Kennedy, Fidel tinha um lado sombrio. Podia ter modos de amigo, mas não era democrático. Além de não haver planos de eleição presidencial em Cuba, as prisões da ilha se encheram de pessoas que disseram a coisa errada. Mas, mesmo levando em conta os exageros oficiais, a campanha de alfabetização cubana teve um sucesso espantoso e a assistência médica melhorou mês a mês. A massa dos pobres no resto do Caribe e da América Latina continental só podia sonhar com o tratamento que os cubanos começavam a achar normal. Na verdade, os pobres dos Estados Unidos também.

DIFERENÇAS IDEOLÓGICAS

Esse tipo de boa notícia era muito necessário num mundo comunista que ainda cambaleava com a ruptura sino-soviética, ocorrida naquele mês de junho. As razões ostensivas foram secamente teóricas. A visão do marxismo-leninismo de Mao já era pouco convencional devido ao seu desejo de adaptá-lo à economia predominantemente agrária do seu país. (É claro que o próprio Marx era inflexível ao afirmar que o verdadeiro comunismo só evoluiria numa economia industrial avançada, padrão que nem a Rússia no início do século XX teria alcançado.) Mas, ultrapassada a dialética complexa, parece que o verdadeiro problema foi que o implacável Mao não aprovava os planos de desestalinização de Kruschóv e os considerava fracos, liberais e, em essência, decadentes.

Qualquer que fosse a razão, a ruptura deixou a União Soviética um pouco mais isolada numa época em que, em certos aspectos, ela já se sentia vulnerável. A explosão irada de Kruschóv nas Nações Unidas no ano anterior traiu sua agitação com a atividade dos aviões de espionagem americanos, capazes de cruzar o espaço aéreo soviético praticamente à vontade. O fato de, em maio de 1960, suas forças terem derrubado um avião U-2 com um míssil terra-ar sobre os Urais e capturado o piloto Gary Powers foi, por um lado, um golpe de mestre e, por outro, um lembrete do que estava acontecendo. Parecia que os pilotos americanos praticamente passeavam pela URSS. Embora os russos estivessem felizes em poderem julgar Gary Powers e mandá-lo por dois anos para a prisão, foi com algum alívio que o trocaram pelo coronel da KGB William Fisher, conhecido como "Rudolf Abel", um espião soviético.

PÁGINA AO LADO, NO ALTO:
REVOLUCIONÁRIOS
Hospedado no Harlem com os pobres e despossuídos na visita a Nova York de setembro de 1960, Fidel estava bem-posicionado para receber os líderes do emergente movimento pelos direitos civis nos Estados Unidos. Houve uma certa malandragem no encontro com Malcolm X, que, sem dúvida, obviamente causaria embaraço para o governo americano. Mas as suas credenciais de combatente contra a injustiça estavam bem estabelecidas.

PÁGINA AO LADO, EMBAIXO:
PRIMEIRO ENTRE IGUAIS?
Com o punho cerrado, o premier soviético Nikita Kruschóv se despede de Paris com um discurso irado na coletiva de imprensa, em maio de 1960. Apesar das vaias repetidas da plateia, o líder russo avisou que novos voos americanos de espionagem sobre a União Soviética levariam à guerra. Kruschóv também comparou o presidente Eisenhower a "um ladrão pego com a boca na botija".

O HOMEM QUE CAIU NA TERRA
Agora em terra bem firme, Gary Powers encara os seus acusadores num tribunal de Moscou em 18 de agosto de 1960. Ele dificilmente poderia negar a acusação de espionagem, pois foi derrubado em território russo a centenas de quilômetros da fronteira mais próxima. Depois de dois anos de prisão, foi libertado, mas enfrentou uma recepção gelada nos Estados Unidos. Alguns o condenaram por não tomar a pílula suicida antes do pouso para evitar a captura; outros chegaram a desconfiar de autossabotagem para desertar.

O FELIZ CASAL
John F. Kennedy, presidente eleito dos Estados Unidos, no palco do Hyannis Armory, em Massachusetts, faz o seu discurso de agradecimento com a esposa Jacqueline ou "Jackie" ao lado. Conscientemente ou não (embora o primeiro seja mais provável), o discurso enfatizou a juventude e o vigor do casal e as possibilidades de regeneração que criava. "Assim, agora eu e minha esposa nos preparamos para um novo governo e um novo bebê", concluiu ele.

Enquanto isso, os Estados Unidos ainda jogavam dominó na África. O idealista Patrice Lumumba combateu as forças da França e da Bélgica e conseguiu a independência da República do Congo (hoje, República Democrática do Congo). "Não somos mais os seus macacos", informou ele às potências europeias. Como primeiro presidente da república, enfrentou um motim de oficiais do exército incentivado pelas ex-potências coloniais. Pediu ajuda aos Estados Unidos, mas não foi atendido. A decisão de recorrer à ajuda da União Soviética selou seu destino. Os Estados Unidos se uniram à França e à Bélgica e apoiaram o golpe de Joseph-Désiré Mobutu, chefe do estado-maior de Lumumba. Este foi preso e sumariamente executado.

ORELHA DE PORCO

Cuba ainda era um espinho na carne dos Estados Unidos no início da década de 1960. Kennedy sofria pressão considerável para recuperar para os americanos aquele popular retiro de férias. Principalmente, diziam alguns, de amigos do seu pai, que tinham possuído cassinos por lá. Mas os Estados Unidos jamais se sentiriam à vontade com um país comunista tão perto. E, claro, havia Fidel, sempre disposto a aprontar alguma.

Apesar dessas razões convincentes, o manejo da situação por Kennedy foi desastrado e, talvez, tímido. No verão de 1961, ele deu apoio relutante ao plano dos exilados cubanos de invadir a ilha com uma tropa de mercenários. Mesmo assim, depois de prometer cobertura aérea abrangente do desembarque em Playa Girón (também chamada de "Baía dos Porcos"), ele recuou na última hora e só permitiu um apoio limitado. Talvez previsivelmente, a operação toda foi um fiasco.

OS VENCEDORES
Milicianos e soldados cubanos posam para fotos numa lancha capturada dos invasores da Baía dos Porcos. O clima é de comemoração, apesar das pesadas baixas. Com o passar dos anos, não há dúvida de que a hostilidade dos EUA com Cuba reforçou um regime comunista que, sem isso, logo perderia boa parte da graça.

MURADOS
Em 13 de agosto de 1961, os berlinenses acordaram e viram soldados alemães orientais arrancando a pavimentação das ruas e erguendo uma barreira de arame farpado entre leste e oeste. A República Democrática Alemã estava constrangida com a torrente de desertores que fugia para Berlim Ocidental, inclusive muitos homens e mulheres jovens e talentosos. Nos dias que se seguiram, a primeira barreira temporária foi substituída pela construção mais permanente de concreto que vemos aqui.

MRBM FIELD LAUNCH
San Cristobal #1
14 OCTOBER 1962
ERECTOR/LAUNCHER EQUIPMENT
MISSILE TRAILERS
EQUIPMENT

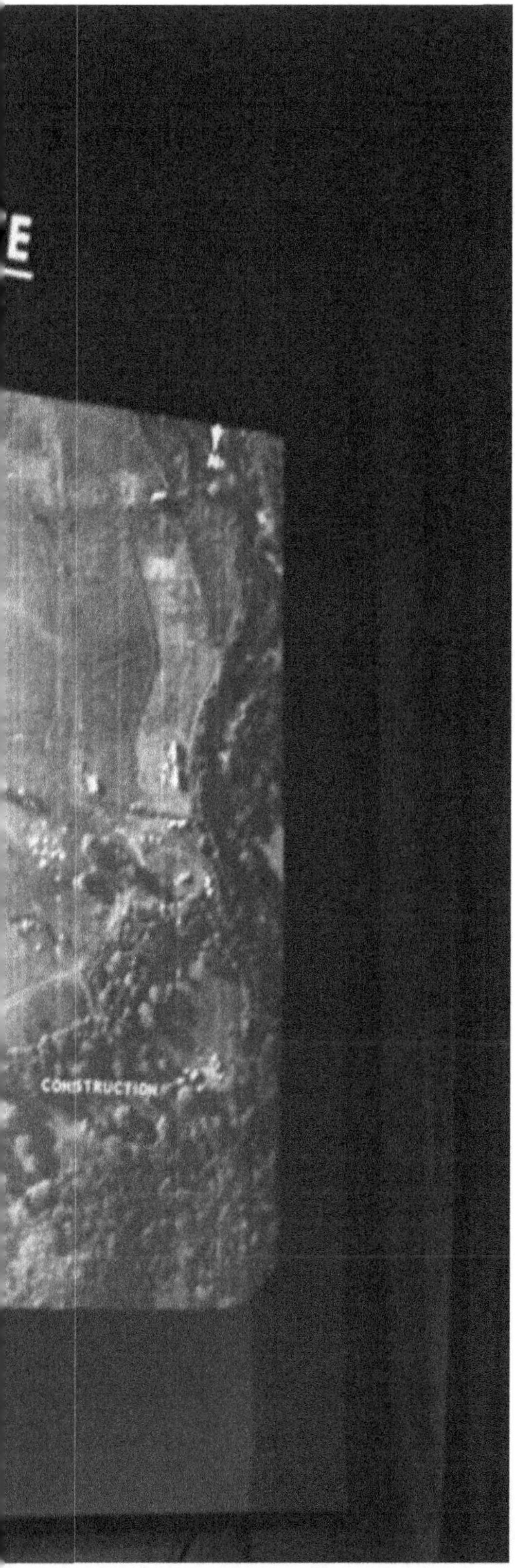

Do mesmo modo, foi um triunfo de propaganda para a Cuba de Castro. O desembarque era esperado, e o efetivo de 1.200 homens da força invasora foi quase todo capturado. Mais de cem morreram na luta e centenas foram executados depois. As baixas cubanas foram maiores — até dois mil homens podem ter morrido —, mas a glória ficou do seu lado; a ignomínia recaiu nos Estados Unidos.

O fato de essa humilhação vir logo depois de a URSS realizar o primeiro voo espacial tripulado e enviar o cosmonauta Yuri Gagarin para o céu na cápsula Vostok 1 em 12 de abril de 1961 só aprofundou o ressentimento do lado americano. No entanto, o ponto positivo foi que o evento forçou os Estados Unidos a agir: em 25 de maio, o presidente Kennedy anunciou a meta de levar um homem à Lua "antes do fim desta década".

PÔQUER DE SUPERPOTÊNCIAS

O endurecimento das atitudes tomou forma concreta naquele mês de agosto, quando as autoridades da Alemanha Oriental levantaram o Muro de Berlim. Preocupadas com a "fuga de cérebros" para o Ocidente, construíram a barreira para mantê-los no país. Literalmente, o povo dos países da Cortina de Ferro era prisioneiro. E refém sob a mira das armas com a instalação de mísseis balísticos Júpiter de médio alcance em bases na Itália e na Turquia, sob protestos furiosos de Nikita Kruschóv.

PROVAS ESTABELECIDAS
Na crise de 1962, uma autoridade do Departamento de Estado explica que as fotos de satélite mostram a construção de uma base de mísseis em San Cristóbal, em Cuba. Não é a questão principal aqui, obviamente, mas a qualidade da imagem serve para nos lembrar mais uma vez que as tensões da Guerra Fria incentivaram o avanço tecnológico.

PRESIDENT
KENNEDY
BE
CAREFUL
THE
U N
HANDLE
THE
CUBAN
CRISIS !

ACIMA:
ASSISTINDO COM ATENÇÃO
Refugiados cubanos se aglomeram em torno da TV para assistir à mensagem do presidente Kennedy aos Estados Unidos sobre a crise dos mísseis em Cuba. Eles não seriam espectadores por muito tempo. Com o passar dos anos, os cubanos se envolveriam de forma mais ativa com a política americana e se tornariam uma força eleitoral importante.

PÁGINA AO LADO:
ESPOSAS E MÃES
Ativistas do Women Strike for Peace pedem cuidado e cautela na Crise dos Mísseis em Cuba de 1962. Mais de cinquenta mil mulheres participaram dos protestos em todos os Estados Unidos no ano anterior. O movimento crescente pela paz seria um incômodo para os sucessivos governos americanos.

Do ponto de vista ocidental, a face do comunismo sempre foi cruel no leste europeu. Agora, a revolução cubana assumia uma face mais sinistra. Enquanto se tratava de assistência médica gratuita e música alegre sob as palmeiras de um paraíso banhado pelo sol, ela mal passava de uma provocação (e, em certos aspectos, uma afronta). Agora, parecia mesmo uma ameaça.

Em 16 de outubro de 1962, fotografias de Cuba tiradas por um avião-espião U-2 revelaram a construção de bases de lançamento de mísseis nucleares de médio alcance. Parece que o governo de Fidel pediu a construção na intenção de impedir novos ataques dos EUA depois da invasão da Baía dos Porcos, mas elas claramente se adequavam às metas estratégicas da União Soviética. Ansioso para evitar a guerra, o presidente Kennedy ordenou uma "quarentena" naval de Cuba até que a ameaça aos Estados Unidos fosse removida.

PÁGINA AO LADO:

ASTRO VIRA-CASACA

O bailarino russo Rudolf Nureyev conversa com os repórteres numa pausa do ensaio no Teatro de Champs-Elysées, em Paris, em 22 de junho de 1961, dias antes de sua deserção para o Ocidente. A Guerra Fria cultural (na literatura, nas artes e nos esportes) podia ser mais "suave", mas era travada com tanta ferocidade quanto a "verdadeira".

À DIREITA:

SONHADOR

O Dr. Martin Luther King Jr. faz seu famoso discurso "Eu tenho um sonho..." à sombra do Memorial de Lincoln, no clímax da Marcha para Washington de 1963. As injustiças sofridas pelos afro-americanos punham em dúvida quaisquer pretensões à autoridade moral que o Ocidente pudesse ter. A raiva cresceria na década de 1960.

Kruschóv não estava com vontade de ceder. Sofria pressão do Politburo. A política de desestalinização sempre teve seus críticos nos membros mais linha-dura. Eles insinuavam que a frouxidão de Kruschóv estava por trás do colapso da ordem socialista na Polônia e na Hungria. Ele também foi humilhado pela construção recente de bases de mísseis americanas na Turquia. Será que ele era o homem certo para manter a Revolução em segurança?

Kennedy também não podia se dar ao luxo de ceder. No *establishment* dos EUA, havia quem achasse o bloqueio de Cuba uma reação fraca e inadequada a uma agressão comunista ultrajante. (Eles não tinham esquecido a hesitação do presidente no caso da Baía dos Porcos.)

A guerra nuclear total estava nas cartas. Pelo menos no Ocidente, onde a imprensa e a TV noticiavam o desenrolar da crise, as famílias levavam a vida com medo real. A Guerra Fria parecia um conflito distante e até abstrato para as pessoas comuns. No entanto, agora ela veio com tudo.

O impasse durou vários dias. Mas, finalmente, os soviéticos concordaram em remover os mísseis em troca da promessa americana de não fazer mais nenhum ataque a Cuba. (De forma mais discreta, eles também prometeram tirar os mísseis da Turquia.) Em 20 de novembro, o bloqueio naval americano foi suspenso.

CAMELOT CERCEADA

Em 22 de novembro de 1963, os Estados Unidos foram sacudidos pela notícia do assassinato do presidente John F. Kennedy em Dallas, no Texas. O fato estava eivado de irregularidades e cercado de confusão. O atirador Lee Harvey Oswald, ex-fuzileiro naval, passou algum tempo na União Soviética e voltou para casa com uma esposa russa; obviamente, Kennedy fez inimigos tanto na URSS quanto em Cuba. Mas logo a especulação se concentrou nas conexões da família Kennedy com o crime organizado e a sugestão de que o presidente teria decepcionado os mafiosos que o patrocinavam.

Visto sem paixão, talvez seu mandato tenha sido medíocre, mas a juventude e o vigor (e aquela esposa glamorosa) lhe davam um brilho especial. Agora, em retrospecto, esse brilho ficou róseo enquanto, com o incentivo entusiasmado da viúva Jackie, ainda jovem e bela, os Estados Unido choraram o fim de "Camelot" — a corte do mítico rei Artur, é claro, e de um recente musical da Broadway em sua homenagem. Houve um lamento elegíaco da Casa Branca de Kennedy, que passou a ser considerada um lugar de cortesia cavalheiresca, decência e idealismo.

RETRATADO AQUI:
A FARSA DE TONKIN
Uma foto da marinha americana mostra uma lancha torpedeira norte-vietnamita que, supostamente, atacou o USS *Maddox* em 2 de agosto de 1964. Talvez tudo se justifique no amor e na Guerra Fria, mas o incidente do Golfo de Tonkin foi de um cinismo especial — e deu ao presidente Lyndon B. Johnson a carta branca que ele buscava.

À ESQUERDA:
O COGUMELO DE MAO
O tempo não espera as superpotências. Em 16 de outubro de 1964, a China testou a sua primeira bomba atômica nos confins mais distantes do deserto de Taklamakan, em Xinjiang. A vida começava a ficar um pouco mais complicada para os Estados Unidos… e a União Soviética.

PÁGINA AO LADO:
VIDAS SALVAS
Fuzileiros navais americanos enfrentam o inimigo em Santo Domingo, na República Dominicana, em 1965. Um deles empurrou um menino para lugar seguro embaixo do jipe. Dada a perigosa anarquia reinante, o papel humanitário dos fuzileiros navais não foi inteiramente falso. Mesmo assim, o governo Johnson estava ansioso para restaurar a estabilidade de maneira favorável para os EUA.

COLEGIO MARIA

A FALSA BANDEIRA DA LIBERDADE

Recaiu sobre Lyndon B. Johnson, o sucessor de Kennedy, a responsabilidade de administrar o envolvimento dos Estados Unidos no conflito em andamento no Vietnã. Até então, o envolvimento era grande, mas indireto (material bélico, suprimentos, espionagem e treinamento). Mesmo assim, parecia que o Sul estava perdendo. Só que as mãos do presidente estavam atadas. Ele sabia que não conseguiria apoio do Congresso para aumentar o compromisso se isso envolvesse a perda de vidas americanas. Mas, no ano seguinte, ele teve a sua oportunidade. Em 1º de agosto, em apoio a ataques de lanchas sul-vietnamitas a instalações costeiras, o contratorpedeiro americano USS *Maddox* parou ao largo da ilha norte-vietnamita de Hon Me. Quando um trio de embarcações norte-vietnamitas menores se aproximou para investigar, a tripulação do *Maddox* se assustou. Pediu apoio aéreo, abriu fogo e avariou gravemente os barcos vietnamitas. Mais tarde, um único projétil de metralhadora foi arrancado da superestrutura do contratorpedeiro.

Dois dias depois, parece que o outro "ataque" na mesma área foi inteiramente imaginário. Nisso, um segundo contratorpedeiro tinha chegado como reforço. As duas tripulações teriam confundido o som das suas próprias turbinas no sonar com o da aproximação de torpedos. No entanto, dentro de uma hora, o comandante John J. Herrick do *Maddox* se acalmou o suficiente para mandar a seguinte mensagem: "TODA A AÇÃO DEIXA MUITAS DÚVIDAS".

Mas não na mente do presidente e de seus assessores. Reembalada pela mídia ocidental, o caso virou uma história de ataques "não provocados" a embarcações americanas que cuidavam da própria vida em águas internacionais. Na indignação que se seguiu, Johnson conseguiu passar unilateralmente pelo Congresso uma resolução especial que lhe permitia realizar ações militares sem consulta aos parlamentares eleitos.

Houve imensos ataques aéreos de "retaliação": agora, os Estados Unidos eram oficialmente combatentes no Vietnã. Quatro anos depois, o próprio "LBJ" admitiria que o "incidente do Golfo de Tonkin" nunca aconteceu: "Aqueles marinheiros burros estavam atirando em peixes voadores".

CONFUSÃO NO CARIBE

Mesmo antes do início da Guerra Fria, o apoio americano a homens fortes desagradáveis no Caribe já era tradição. Rafael Trujillo foi um dos piores. Com apoio tácito dos Estados Unidos, ele tomou o poder em 1931 e criou um estado unipartidário na República Dominicana.

A defesa costumeira dos ditadores é que eles fazem o que for preciso. Em 1937, Trujillo resolveu o problema da imigração ilegal de haitianos pela fronteira oeste (entre outras coisas, uma ameaça à sua política de "embranquecer" a República Dominicana) com o massacre de até 15 mil pessoas. Nos anos seguintes, muitas centenas de dominicanos foram mortos pelos carrascos e torturadores do "Bode".

O próprio ditador era importunado por acusações pessoais de estupro e assassinato. A perversidade sangrenta de Trujillo deixou até os Estados Unidos envergonhados. Alguns viram a mão da CIA em seu assassinato em 1961.

PÁGINA AO LADO:
EM DESFILE
Em pé, o presidente Johnson se segura no alto de um jipe para passar em revista as tropas americanas na baía Cam Ranh, em 1966. Na sua breve estada na base do Vietnã do Sul, o presidente condecorou vários soldados por bravura em combate.

CRBD
HO-2

Mesmo assim, depois de morto ele fez falta, pois o país mergulhou na anarquia e na luta entre facções. O exemplo cubano, obviamente, se agigantou. E se uma facção esquerdista predominasse e o dominó dominicano caísse? Em 1963, alguma semelhança de ordem foi restaurada com a posse de Juan Bosch, primeiro presidente democraticamente eleito do país — mas, dois anos depois, ele foi derrubado por um golpe militar. Em 1965, quando o novo presidente Donald Reid Cabral foi derrubado por partidários de Bosch, a guerra civil começou. Os Estados Unidos mandaram os fuzileiros navais restaurarem a calma e organizarem novas eleições que levassem ao poder um homem — Joaquín Balaguer — mais do seu agrado.

Em outros pontos do Caribe, a situação era mais tranquila para os Estados Unidos. A dinastia Somoza mantinha a Nicarágua sob controle. Foi sobre o fundador Anastasio Somoza García, ditador desde 1937, que Franklin D. Roosevelt supostamente observou: "Pode ser um filho da puta, mas é o nosso filho da puta." Depois do seu assassinato em 1956, Luis Somoza Debayle, filho do filho da puta, continuou seu trabalho. Ele morreu de enfarte em 1963, mas alguns políticos fiéis mantiveram a cadeira presidencial quentinha. Em 1967, Anastasio Somoza Debayle, o filho mais novo de Anastasio Somoza, assumiria o cargo.

Na Guatemala, Carlos Castillo Armas foi assassinado em 1957, mas o país ficou em boas mãos anticomunistas sob Óscar Mendoza Azurdia. Em Honduras, Ramón Villeda Morales, presidente democraticamente eleito, foi derrubado por um golpe em 1963 para abrir caminho para uma junta militar que não causasse preocupação em Washington. O Haiti virou um banho de sangue sob François Duvalier ou "Papa Doc", mas ali pelo menos não havia nenhuma probabilidade de subversão esquerdista.

TROVOADA

O poder executivo que o presidente Johnson obteve depois do incidente do Golfo de Tonkin não o liberou das restrições políticas. Embora agora pudesse enviar cerca de 60 mil soldados para reforçar o cambaleante regime sul-vietnamita, ele sabia que as baixas americanas tinham de se manter mínimas. Daí o apelo da Operação *Rolling Thunder* ("trovoada"), o bombardeio aéreo intenso e prolongado do Vietnã do Norte, suas indústrias, infraestrutura e meios de comunicação, tanto com os guerrilheiros do Sul quanto com o mundo exterior.

Os ataques começaram em março de 1965 e, até o fim do ano, foram lançadas mais de 40 mil toneladas de altos explosivos. Mas a eficácia da operação já era questionada. Além de enfrentar defesa mais eficaz do que se esperava com os caças MiG, mísseis terra-ar e sistemas de radar de alerta precoce fornecidos pelos soviéticos, os vietnamitas eram mais resilientes sob ataque do que o previsto. Além disso, ainda preocupados em conter o conflito, os comandantes ordenaram que os principais centros urbanos fossem evitados.

Embora fizesse sentido em termos políticos e humanitários, isso limitava o impacto do bombardeio e forçava as tripulações a um risco maior na busca de alvos suscetíveis mais específicos.

PÁGINAS ANTERIORES:
VERMELHOS CURIOSOS
Em 29 de maio de 1965, a rainha Elizabeth II do Reino Unido fez uma visita oficial a Berlim Ocidental com o marido príncipe Philip. Aqui, os guardas de fronteira alemães orientais no alto do Muro de Berlim observam a distância.

PÁGINA AO LADO:
ROLLING THUNDER
O ataque aéreo do Vietnã do Norte e da trilha Ho Chi Minh permitiu aos Estados Unidos maximizar a destruição da infraestrutura de transporte sem envolver forças em terra. Mas, com material bélico e apoio técnico soviéticos, os norte-vietnamitas conseguiram impor resistência extremamente eficaz. Em três anos a operação teve de ser abandonada.

USAF

UOZ FBDXN
9

EM AÇÃO
Em julho de 1965, soldados americanos chegam à base de Cam Ranh, no litoral sul do Vietnã, para se mobilizar pelo interior do país. Johnson concluiu que a sua presença era necessária, porque o apoio a distância ao qual seus antecessores se limitaram provou-se insuficiente. Sob a pressão dupla dos guerrilheiros vietcongues e dos seus apoiadores norte-vietnamitas, a resistência da República do Vietnã sumia com rapidez.

ACIMA, NO ALTO:

CANSADO DE GUERRA

Um soldado americano exausto da 173ª Divisão Aerotransportada é auxiliado num trecho devastado da Zona de Guerra D depois da batalha de Zulu Zulu, em 1966. O envio de tropas ao Vietnã já cobrava seu preço em rapazes americanos; logo, também seria cobrado dos políticos que os mandaram para lá.

ACIMA, MAIS ABAIXO:

CALMA DE CRUZEIRO

Guerrilheiros se infiltram pelos juncais rumo a um ataque de surpresa a posições americanas em Dong Thap Muoi, no Vietnã do Sul. Mesmo com apoio soviético, os vietcongues tinham imensa inferioridade de armas diante dos adversários americanos, mas a vantagem de conhecer cada centímetro, cada contorno do interior de seu país.

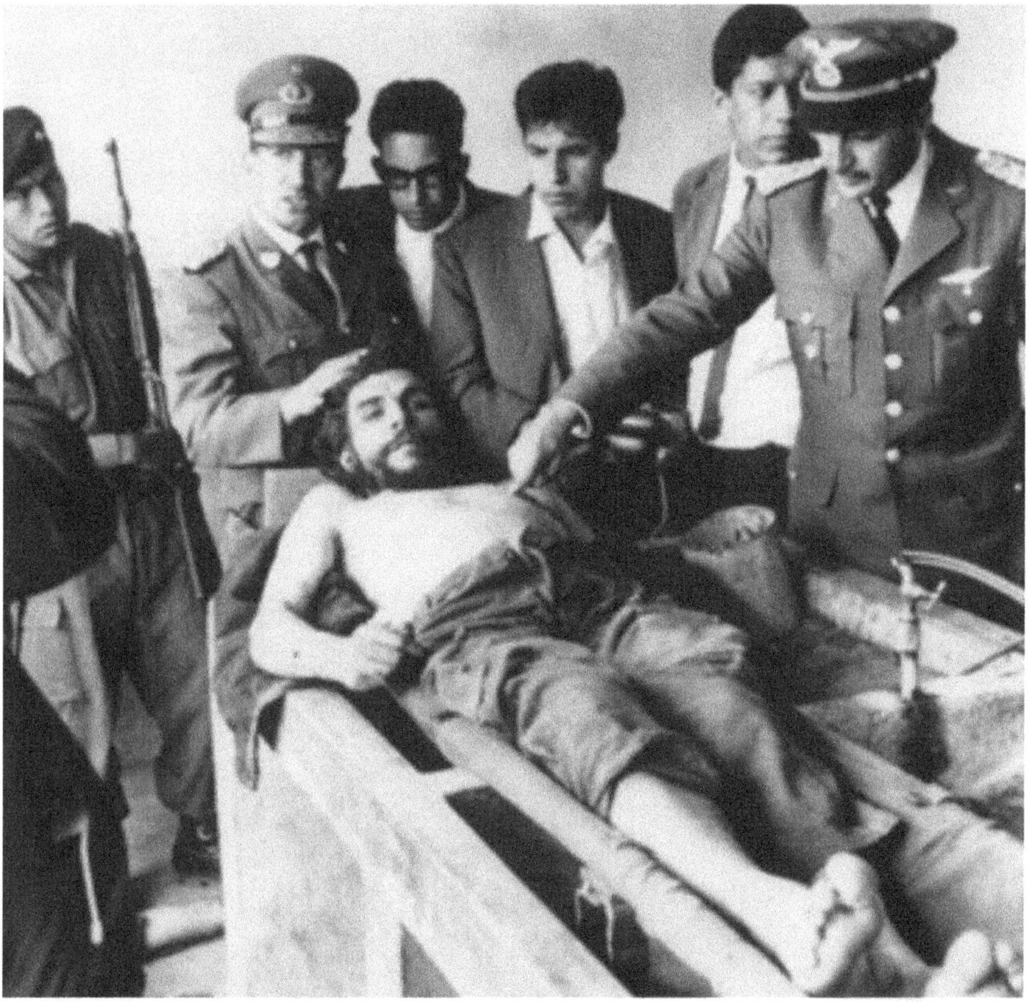

ACIMA:
MÁRTIR E MITO
"Atire, covarde!", disse Ernesto "Che" Guevara ao soldado que foi executá-lo depois da sua captura na Bolívia. "Você só vai matar um homem." É claro que, na verdade, ele estava criando um símbolo. Centenas de aldeões foram visitar o corpo do revolucionário, exibido num hospital próximo.

Se a tripulação dos aviões se sentia frustrada, era ainda pior para os soldados em terra. A luta contra o Viet Cong era muito dificultada pela capacidade dos guerrilheiros de se misturar à população local (à qual obviamente pertenciam). Não fazia sentido o esforço nominal de "conquistar corações e mentes". Limpar áreas do interior para criar "zonas livres de fogo" salvava vidas, mas desalojava as comunidades e criava profundo ressentimento. Além disso, com a degradação da disciplina, atrocidades foram cometidas.

Os corações e mentes também se perdiam em casa. Criados com relativa riqueza na crença de que seu país era o símbolo da democracia, os estudantes idealistas estavam se desencantando. Viam as ações opressoras realizadas no Vietnã em nome da liberdade; os mais empreendedores liam sobre a política externa recente e histórica.

Milhares marcharam contra a guerra e por uma grande variedade de outras causas. Parecia que a consternação com o papel dos Estados Unidos no Vietnã tornava mais nítidos outros problemas que iam da sexualidade à raça. O movimento pelos direitos civis dos negros, que foi aumentando durante a década de 1960, sofreu um triste golpe e ganhou novo e enorme ímpeto com o assassinato de Martin Luther King Jr. em Memphis, no Arizona, em abril de 1968. Naquele ano, a Convenção Democrata Nacional realizada em Chicago foi cercada por manifestantes, reprimidos com o que foi descrito como "tumulto policial".

ABAIXO:

ALEGRIA E ALÍVIO

Soldados impedem que estudantes com bandeiras se aproximem do palácio de verão do presidente Sukarno em Bogor depois da notícia de um golpe comunista abortado em 1965. Por comandar a luta pela liberdade do país desde a época da ocupação colonial holandesa, Sukarno gozava de imensa popularidade na Indonésia.

À ESQUERDA:

UM DITADOR À ESPERA

Suharto, ministro da Defesa de Sukarno, cumpre o dever oficial de comparecer ao funeral do ex-primeiro-ministro Sutan Sjahrir em abril de 1966. Dali a um ano, ele derrubaria o seu chefe e tomaria o poder. Seu reinado cruel e cleptomaníaco seria um desastre para a Indonésia, mas uma bênção para os seus apoiadores americanos na Guerra Fria.

GUERRA DOS SEIS DIAS
Soldados israelenses atacam uma posição árabe no decorrer da Guerra dos Seis Dias em 1967. A facilidade com que venceram o inimigo espantaria o mundo e deixaria a União Soviética, de quem os combatentes árabes dependiam, bastante diminuída no palco global.

ВПЕРЕД К ПОБЕДЕ КОММУНИЗМА!

DEMONSTRAÇÃO DE FORÇA
Moscou, 7 de novembro de 1967. O rosto sério de Lênin olha na bandeira que cobre a fachada da loja de departamentos GUM enquanto mísseis balísticos desfilam pela Praça Vermelha. A exibição de poderio militar fazia parte do cerimonial da União Soviética. Aqui, entretanto, houve um esforço especial para marcar o 50º aniversário da Revolução de 1917.

ATREVIMENTO RADICAL

Manifestantes pela paz provocam uma linha de policiais do exército diante do Pentágono, em Washington. Em 1968, o "radicalismo estudantil" era um fenômeno. Embora apenas uma ínfima minoria conspirasse contra o Estado, muitos fizeram várias campanhas: do banimento da bomba atômica aos direitos civis dos negros; da retirada do Vietnã à libertação das mulheres.

À ESQUERDA:
A OFENSIVA DE TET
Um fuzileiro naval americano ferido recebe tratamento durante a Ofensiva do Tet, em Hue, em fevereiro de 1968. A guerra começava a ficar impossível de vencer para os Estados Unidos. Não tanto aqui, onde o exército norte-vietnamita e os vietcongues foram rechaçados, mas no *front* doméstico bombardeado por más notícias. Quando não era a torrente interminável de maridos, filhos, irmãos e namorados que voltavam dentro de sacos para cadáveres, eram as histórias de atrocidades cometidas por soldados americanos.

CRISE NO CAPITALISMO

É compreensível que os comentaristas soviéticos adorassem representar os problemas dos Estados Unidos como "crise do capitalismo". Talvez fosse. Mas eles não estavam em condições de julgar, dado o modo como o seu domínio se impunha na Tchecoslováquia. Mais uma vez, os jovens idealistas foram responsabilizados. Quer dizer, idealistas mais ou menos jovens: embora tivesse 48 anos ao ser eleito líder do Partido Comunista, Alexander Dubček ainda usava fraldas pelo padrão gerontocrático do bloco oriental.

E, sem dúvida, ele mobilizava os jovens. Ao clamar por democratização e descentralização significativas do estado, Dubček oferecia à Tchecoslováquia o "socialismo com rosto humano". Todos permaneceriam leais ao Pacto de Varsóvia, mas seguiriam um caminho próprio dentro dele. A censura seria reduzida, as artes incentivadas. Sem dúvida, tudo foi calculado para atrair os jovens e otimistas, que não recordavam Berlim Oriental em 1953 nem Budapeste em 1956. Os estudantes marcharam aos milhares em seu apoio. (Nesse caso, há paralelos com a "contracultura" dos EUA.) Mas muitos tchecos e eslovacos mais velhos simpatizaram com a causa reformista, embora se perguntassem, um pouco amedrontados, onde tudo aquilo iria parar.

OCUPAÇÃO DO EXÉRCITO VERMELHO

Sem dúvida a liderança soviética se lembrava de Berlim e Budapeste e do opróbrio que a intervenção lhe trouxe. Tentaram ao máximo convencer Dubček a desistir dos seus planos. Como ele não recuou, não hesitaram e, mais uma vez, em 20 e 21 de agosto de 1968, montaram uma invasão. A Tchecoslováquia não teria permissão à liberdade.

26
3-4

PÁGINAS ANTERIORES
E À DIREITA:
PRIMAVERA DE PRAGA
A "Primavera de Praga" dá lugar a um outono sombrio e o centro da cidade se transforma em campo de batalha. Pelo menos, a condição de ocupantes dos soviéticos fica clara. O grande experimento da Tchecoslováquia começou em 5 de janeiro com a eleição do reformista Alexander Dubček a primeiro secretário do Partido Comunista. Sua aposta para democratizar o país foi tão malvista em Moscou que o líder soviético Leonid Brejnev enviou uma força invasora de 600 mil homens.

"AMONTOEM CAOS SOBRE CAOS!"
"É correto se rebelar", disse Mao, que reforçou a sua própria posição mobilizando a juventude chinesa contra a existência imaginária de "reacionários burgueses" na Revolução Cultural. "Eu era o cachorro do presidente Mao", disse a sua esposa Jiang Qing (à esquerda com Chou En-lai, vice do seu marido). "Quando ele dizia 'morda', eu mordia." Milhões morreram numa onda de violência e destruição.

Década de 1970

Em 3 de janeiro de 1970, cai o pano sobre o espetáculo efervescente que foram os anos sessenta: os Beatles gravaram a sua última canção. Pelo menos, a maioria deles. John Lennon estava ocupado demais com as divergências artísticas com Paul McCartney e com o novo relacionamento (e colaboração artística) com Yoko Ono. A música de George Harrison intitulada "I Me Mine" era uma reflexão sobre a filosofia mística indiana que tanto o encantava. Mas, ao escutá-la depois, os fãs não deixaram de ouvir a pincelada de individualismo egoísta que separou o grupo. Alguns anos depois, o jornalista americano Tom Wolfe falaria da década de 1970 como "a década do Eu".

Fazia algum tempo que se formava o consenso popular de que os nascidos no "Baby Boom" que se seguiu à Segunda Guerra Mundial se destacavam das gerações anteriores pelo egocentrismo. Realmente, em muitíssimos casos eles cresceram em relativa riqueza, com oportunidades de lazer sem precedentes.

PÁGINA AO LADO:

AVE AO MAR

A operação *Frequent Wind* ("vento frequente") dos Estados Unidos marcou a retirada frenética do Vietnã. Milhares de militares americanos e funcionários civis locais foram evacuados de Saigon em 29 e 30 de abril de 1975. Aqui, um helicóptero é derrubado pela amurada do USS *Okinawa* para abrir espaço no convés para que novos aviões possam pousar.

PÁGINA AO LADO, EM CIMA:
LUTA DE FRONTEIRA
O soldado de primeira classe Steve Morrison, de Louisville, no estado americano de Kentucky, lança uma granada contra uma posição inimiga suspeita no vale de A Shau, a oeste de Hue. A trilha Ho Chi Minh cruzava a fronteira um pouco ao norte dali e era cenário frequente de combates intensos.

PÁGINA AO LADO, EMBAIXO:
MISSÃO DE BUSCA E DESTRUIÇÃO
Em 1971, soldados americanos pulam de um helicóptero perto de My Tho, no delta do Mekong no Vietnã do Sul. Com informações sobre a atividade do Viet Cong, eles tentarão encontrar os guerrilheiros, eliminá-los e recuar imediatamente. Essa era a tática básica cotidiana dos Estados Unidos no Vietnã.

Mas, enquanto a década de 1960 dava lugar à de 1970, parecia que a maioria silenciosa se cansava da guerra. O massacre de My Lai, em março de 1968, mostrou um lado da ação militar americana que não deixou ninguém à vontade. A luta para sustentar a democracia não deveria envolver estupros em massa de mulheres civis nem a morte e a mutilação de crianças pequenas. Muito menos a morte e a incapacitação de tantos dos seus próprios filhos.

Aliás, também não deveria acabar em nada além de uma rápida vitória americana. Essa, claramente, sucessivos governos deixaram de produzir. Em parte, o problema era o modo de lidar com as notícias na democracia. A Ofensiva do Tet, montada pelo Exército do Vietnã do Norte (EVN) e pelo Viet Cong em janeiro de 1968, foi enfaticamente rechaçada. Mas, para os americanos, parecia uma derrota. Os porta-vozes do governo se esforçaram com tanta assiduidade para dar a impressão de que a guerra estava praticamente ganha que o fato de os comunistas organizarem um ataque naquela escala criou consternação.

ALTERNATIVAS ÁRABES?

Quanta diferença no modo como Israel, o aliado dos Estados Unidos no Oriente Médio, afugentou os inimigos árabes poucos anos antes! Na chamada Guerra dos Seis Dias de 1967, Israel escorraçou as forças combinadas da Jordânia, da Síria e do Egito e ocupou o território do Sinai, a Cisjordânia (margem oeste do rio Jordão), a Faixa de Gaza e, na fronteira com a Síria, as colinas de Golan. Os americanos observaram com admiração — e inveja crescente.

Mas, ainda que aumentassem a segurança israelense no curto prazo, esses ganhos asseguraram a continuação do conflito no Oriente Médio, pois as perdas, naturalmente, irritaram os estados árabes. Além disso, qualquer tentativa de encontrar um acordo negociado era complicado pela presença nessas zonas fronteiriças de uma população palestina expulsa de Israel na Primeira Guerra Árabe-Israelense que se seguiu à fundação do país em 1947.

Naquele momento, contudo, o clima em Israel era otimista. O mundo árabe ficou lambendo as feridas em busca de uma forma realista de ir em frente, que, pelo menos no Egito sob o comando de Anwar Sadat, por algum tempo lugar-tenente e agora sucessor de Nasser, significou o rompimento com a União Soviética.

Embora ocupasse boa parte do Oriente Médio, o "nacionalismo árabe" que Nasser desposou tinha um nome confuso. Só fazia sentido caso se considerasse que a "nação" envolvida era a dos árabes (não, digamos, dos sírios, egípcios, líbios ou jordanianos). Portanto, pelos padrões normais, ele seria transnacional e teria mais a ver com a ideologia internacionalista da esquerda do que com o estereótipo dos movimentos nacionalistas de direita. Isso, ao lado dos aspectos práticos da política (os Estados Unidos patrocinavam Israel desde sua criação), determinou o alinhamento dos nacionalistas árabes ao bloco soviético.

A "Revolução Corretiva" de Sadat representava um rompimento com a União Soviética, tanto na diplomacia como na política doméstica. Depois de expurgar os oficiais nasseristas mais leais e expulsar os assessores soviéticos convidados pelo antecessor, ele resolveu democratizar o Egito. Com a desmobilização da polícia secreta do país, Sadat permitiu que outras vozes ideológicas se erguessem — mais notadamente, as que clamavam por uma dimensão religiosa no governo do país.

PÁGINAS SEGUINTES:
CONTRA AS PROBABILIDADES
Milicianos de Bangladesh em postura desafiadora em 1971. As considerações da Guerra Fria levaram os Estados Unidos a fingir que não via a violência da tentativa do Paquistão Ocidental de eliminar o movimento separatista bengali no Paquistão Oriental, hoje Bangladesh. Até 3 milhões de pessoas foram mortas e 400 mil meninas e mulheres estupradas num programa sistemático de opressão. Mas Bangladesh finalmente conquistaria sua liberdade.

ADESH
FORCES
OFFICE Nº14

A SEGURANÇA DOS NÚMEROS
Em 1971, Muamar Kadafi, da Líbia, sentado ao centro, assina a criação da breve "Federação de Repúblicas Árabes" com Anwar Sadat, do Egito (à esquerda) e Hafez al-Assad, da Síria (à direita). Houve uma sucessão de tentativas de embaralhar os países árabes e criar uniões maiores. O Egito e a Síria se uniram por pouco tempo na República Árabe Unida (1958–1971); a Líbia e a Tunísia pensaram em se fundir com o Marrocos e a Argélia em 1974.

O JOGO DO SÉCULO
A ortodoxia comunista tinha a crença arraigada de que, além de oferecer uma vida melhor, seu sistema poderia promover cientificamente o aprimoramento humano, em termos físicos nos esportes, em termos mentais na academia. Ou no xadrez, que continha elementos dos dois. Desde a década de 1920, uma série de grão-mestres soviéticos espantou o mundo ao combinar o brilho individual com a disciplina e o espírito de equipe. O Campeonato Mundial de Xadrez de 1972 lançou o último deles, Boris Spassky (à esquerda), contra Bobby Fischer, adversário exuberante nascido no Brooklyn. Não conformista, para não dizer prima-dona, Fischer se apresentou como uma paródia do individualismo americano. Mas tinha o necessário para conquistar o título para o Ocidente.

PRODUÇÃO DE VITÓRIAS
Um tanque israelense atravessa uma região vazia em algum ponto das colinas de Golan: uma metáfora visual para as conquistas do país em 1973. Israel produziu essas vitórias, mas elas demoraram tanto e cobraram um preço tão alto que tiraram boa parte do brilho do triunfo anterior na Guerra dos Seis Dias.

O nacionalismo árabe de entonação marxista não tinha lugar no processo político para os que promoviam o "ópio do povo". A benevolência de Sadat com a Irmandade Muçulmana não era motivada por pura tolerância e generosidade. Ele via seu conservadorismo como um freio contra qualquer escorregão socialista.

GUERRA DO YOM KIPUR

Indiretamente, era possível considerar que as suas reformas, com a autoridade que ele começava a exercer no mundo árabe, promoveriam os interesses ocidentais na Guerra Fria. O fato de ter levado os árabes a outra guerra com Israel iniciada no Yom Kipur, dia sagrado de penitência dos judeus (6 de outubro de 1973), foi menos bem-visto no Ocidente. Mas o resultado inconclusivo era adequado. Depois de ganhos iniciais impressionantes que ajudaram a banir a humilhação de 1967, os árabes foram contidos. No entanto, os israelenses não tiveram uma vitória convincente a ponto de se sentirem triunfantes.

A TEMPESTADE SE ESPALHA

Enquanto isso, os americanos ainda estavam em palpos-de-aranha no Vietnã. Por mais que tentassem, não conseguiam suprimir o EVN nem o Viet Cong. Um ponto que seria suscetível a ataques — as linhas de suprimento e as principais bases e depósitos dos comunistas — parecia invulnerável, porque, na maior parte, não ficava no Vietnã. Mais ao norte, a trilha Ho Chi Minh passava principalmente pelas florestas do Laos, junto à fronteira do Vietnã. Mais ao sul, a rota passava pelo Camboja do rei Sihanouk, com quem os comunistas tinham agora uma amizade improvável. Depois de exprimir dúvidas crescentes sobre o manejo do conflito no país vizinho pelos Estados Unidos, o rei foi deposto em 1970 pelo primeiro-ministro Lon Nol, que o Departamento de Estado achava mais dócil. A partir daí, em seu lar no exílio, Sihanouk travaria uma guerra civil implacável contra a ditadura de Lon Nol, em aliança com o Khmer Vermelho.

Os grandes bombardeiros B-52 dos Estados Unidos ficaram ociosos com o abandono da Operação *Rolling Thunder* em 1968. No entanto, a partir de 1969 eles foram usados para atacar a trilha Ho Chi Minh no Camboja. A Operação *Menu* não tinha sido declarada. Mas nisso Washington rompeu o segredo com o bombardeio aéreo, na Operação *Freedom Deal* ("Acordo de liberdade").

Nos três anos decorridos a partir de 1970, os aviões americanos lançaram 250 mil toneladas de bombas no país (notoriamente, muito mais do que lançaram no Japão durante a Segunda Guerra Mundial). Some-se o material bélico lançado durante a Operação *Menu* e o total se aproxima de meio milhão de toneladas. Apesar das garantias dadas ao rei, os ataques mataram dezenas de milhares de civis cambojanos. Houve ataques semelhantes no Laos. Como no próprio Vietnã, para melhorar a linha de visão dos pilotos foram usados desfolhantes como o Agente Laranja, que deixavam a terra estéril, com um legado de doenças. Os problemas de saúde enfrentados pela população de todos esses países continuam até hoje. Felizmente para o governo Nixon, a imprensa não se interessou muito.

Mas não importava; por mais apocalíptico que fosse, o ataque americano não conseguiu nenhum avanço sério contra os comunistas.

PONTES RECONSTRUÍDAS
Richard Nixon tira uma folga para visitar a Grande Muralha da China durante a visita oficial de fevereiro de 1972. Uma surpresa para o mundo inteiro, a viagem passou uma rasteira em Moscou numa época de conflito com Pequim depois da ruptura sino-soviética.

O "PARDAL DE MINSK"
Bonita e esguia, com apenas 17 anos na época da Olimpíada de Verão de 1972 em Munique, a ginasta bielorrussa Olga Korbut emocionou o mundo. Cada uma de suas três medalhas de ouro foi um triunfo do "poder suave" soviético, principalmente a apresentação nas barras assimétricas; sua marca registrada, o "Salto Korbut" (um salto para trás a partir da posição ereta na barra mais alta) é perigosíssimo e, depois, foi proibido.

O EVN tinha a vantagem (ainda que duvidosa) de representar um estado totalitário que não devia explicações aos cidadãos por baixas e reveses. O Viet Cong tinha a flexibilidade da guerrilha que as forças regulares não têm (e, ao que parecia, a simpatia e o apoio da população rural).

A hiperatividade dos bombardeiros dos Estados Unidos ajudou a mascarar a redução lenta, mas constante, do compromisso americano em terra com a política de "vietnamização" que começou a sério em 1970.

Cada vez mais, a tarefa de combater os comunistas seria entregue aos próprios sul-vietnamitas, com um bom volume de auxílio americano — na teoria e, até certo ponto, na prática também. No entanto, em 1973 a República do Vietnã, absolutamente sitiada, foi forçada a fazer um acordo com os inimigos nas conversações de paz de Paris. O cessar-fogo geral foi assinado entre o Vietnã do Sul, os Estados Unidos, o Vietnã do Norte e o Viet Cong. Seria um resultado favorável se os Estados Unidos não fossem o único a "honrar" o acordo. Eles prontamente removeram suas forças combatentes do país, enquanto o EVN e o Viet Cong retomavam as suas operações quase sem pausa, com as forças do governo sul-vietnamita deixadas para lutar sem ajuda.

CHOQUE DE REALIDADE

As grandes potências sempre foram pérfidas. Mal se pode dizer que os Estados Unidos tivessem cometido uma iniquidade histórica especial por abandonar um aliado leal na hora de maior necessidade. Mesmo assim, a decisão de partir e deixar os dominós caírem onde caíssem representa um afastamento significativo dos precedentes da Guerra Fria.

Mas isso fazia parte do pensamento do novo governo. Desde o começo do mandato, em 1969, Richard Nixon tentou reduzir o gelo da Guerra Fria. Não foi uma ação derivada de motivos idealistas, mas do que, para ele, era o reconhecimento realista de que, de certo modo, os campos rivais teriam de dar um jeito de conviver. Instruído pelo seu assessor de segurança nacional (e, a partir de 1973, secretário de Estado) Henry Kissinger, ele buscou uma política de *détente* (literalmente, "relaxamento") com a União Soviética. Kissinger fazia questão do realismo (alguns diriam imoralidade) nas relações diplomáticas. Os Estados Unidos deveriam ser guiados pelo próprio interesse, não pela preocupação filantrópica com o mundo em geral.

A SABOTAGEM DE SALVADOR

Sem dúvida, não houve preocupação filantrópica alguma com o povo do Chile sob o governo de Salvador Allende na época. Sim, Allende se autodeclarava marxista; mas também era verdade que foi democraticamente eleito, de acordo com a constituição do país, e em 1970 venceu a disputa parlamentar entre candidatos empatados. No poder, começou a conduzir seus conterrâneos pelo chamado "caminho chileno para o socialismo": aumentou o salário-mínimo, melhorou a assistência médica e nacionalizou minas e bancos.

PÁGINA AO LADO:
MARTÍRIO MARXISTA
O palácio de La Moneda, em Santiago, arde em 11 de setembro de 1973; com ele, a democracia chilena vira fumaça. Pilotos rebeldes da Força Aérea atingiram a moradia do presidente com dezenove foguetes. Teimosamente, o próprio Allende se manteve no posto, ainda que fosse uma postura inútil.

Allende também iniciou um programa de reforma agrária: desapropriou terras improdutivas dos grandes proprietários e as distribuiu entre os pequenos agricultores. Por mais popular que fossem para a massa de pobres chilenos, essas políticas não foram bem recebidas pela antiga elite.

E, é claro, por Washington. A CIA tentou ao máximo impedir a eleição de Allende. Agora, trabalhava de forma incansável para desestabilizar o país. Num padrão já conhecido, ele talvez se sentisse mais ou menos forçado pela hostilidade americana a formar uma relação mais íntima do que gostaria com a URSS. De acordo com a ordem de Nixon de “fazer a economia gritar” no Chile, as autoridades americanas trabalharam com grupos de direita para criar problemas. Foi muito eficaz a “greve” de “caminhoneiros” (na verdade, pequenas e médias empresas do transporte e não “trabalhadores”) que, finalmente, fez o país parar.

A INDIGNAÇÃO DE AUGUSTO

Em 11 de setembro de 1973, Augusto Pinochet, comandante em chefe do exército chileno, levou as forças armadas a darem um golpe. Em cenas surreais, tanques ocuparam as ruas de Santiago. Aviões atacaram o palácio presidencial pelo ar enquanto soldados o invadiam. Allende permaneceu no seu gabinete, desafiador até o fim. Morreu à sua mesa. Acredita-se que tenha se matado para não ser capturado vivo, embora haja suspeitas de que, na verdade, foi assassinado.

DESPEDIDA ADEQUADA
Só em 1990 Salvador Allende recebeu um funeral adequado. O seu corpo foi exumado da cova não marcada e levado com pompas de Estado pelas ruas até a catedral nacional de Santiago. Depois da missa em sua homenagem, passou a descansar com os outros presidentes do Chile.

INTEGRIDADE NO EXÍLIO
O escritor alemão Heinrich Böll recebe Aleksander Soljenítsin em sua casa de Langenbroich, na Alemanha Ocidental, em 1974. Em romances como *Um dia na vida de Ivan Denisovitch* (1962) e *O primeiro círculo* (1968), o ganhador do Prêmio Nobel catalogou o desrespeito aos direitos humanos do sistema soviético. Ele perdeu a cidadania e foi expulso do país.

13

ACORDO SUJO?
Os dois lados discutem os detalhes dos acordos de paz de Paris (ou, para citar o nome completo, "Acordo sobre o fim da guerra e a restauração da paz no Vietnã") em janeiro de 1973. Apesar do clima sóbrio e das declarações impressionantes trocadas pelos dois lados, o Vietnã do Sul passou a achar que a conferência simplesmente deu cobertura aos Estados Unidos para romper os seus compromissos e fugir. Mentor da política externa dos EUA no início da década de 1970, Kissinger se tornou alvo do ódio da esquerda americana. Embora desmentisse o pressuposto de que ele fosse um rematado promotor de guerras, a sua condução das conversações de paz no Vietnã mostrou até que ponto o seu "realismo" podia ser implacável.

Pinochet assumiu o governo no Chile e começou o seu reinado com execuções em massa. Milhares de "subversivos" capturados se amontoaram no Estádio Nacional. Até 4 mil pessoas foram sumariamente executadas lá. Mais de 130 mil seriam capturadas nos 3 anos seguintes. As mortes, os "desaparecimentos", a tortura e outros crimes contra os direitos humanos continuariam durante os 17 anos de Pinochet no poder.

ACIMA:
VITORIOSOS
Combatentes jubilosos do Khmer Vermelho entram em Phnom Penh, capital do Camboja, em 17 de abril de 1975. Mas o clima no país azedaria rapidamente. A "paz" de Pol Pot seria muito pior do que qualquer guerra.

PÁGINA AO LADO:
AURORA OU CREPÚSCULO?
Liberdade finalmente para o povo de Saigon ou início de um pesadelo repressor? Soldados do exército do Vietnã do Norte chegam a Saigon em 30 de abril de 1975. Era inevitável que muitos na cidade tivessem trabalhado para os americanos durante as décadas de sua presença. Naturalmente, temiam ser marcados como colaboradores.

IMPLOSÕES

Mas naquele momento a tragédia do Chile e a farsa sangrenta em que o Vietnã afundava aos poucos pareciam apenas "ruídos" para os americanos. Foi chocante descobrir que a campanha presidencial de Nixon em 1972 mandou arrombar a sede dos rivais democratas no Edifício Watergate, em Washington, para furtar documentos e instalar microfones. Mas, como diz o ditado, a emenda foi pior do que o soneto. A lista de luminares envolvidos cresceu cada vez mais até que, em agosto de 1974, o presidente Nixon foi forçado a renunciar.

A influência americana no sudeste da Ásia também desmoronava, e o equilíbrio da Guerra Fria pendia para o lado do comunismo. Efetivamente abandonado depois dos Acordos de Paris (que o Vietnã do Norte e o Viet Cong praticamente ignoraram), o Vietnã do Sul manteve ações de retaguarda progressivamente inúteis. Cada vez mais o seu território era ocupado, até que, em abril de 1975, o inimigo chegou às portas de Saigon, a capital. Tardiamente, nas últimas 24 horas, os americanos levaram 9 mil funcionários e auxiliares civis para lugar seguro, mas muitos outros milhares ficaram para trás para enfrentar a "reeducação" comunista ou coisa pior. O campo sul-vietnamita estava destroçado, com mais de dois terços das aldeias arrasados; 5 milhões de hectares de floresta foram destruídos por desfolhantes.

CAMPOS DA MORTE

Nesse momento, no Camboja, o Khmer Vermelho ocupava Phnom Penh. Sihanouk e os seus partidários, tendo perdido a utilidade, foram devidamente expurgados. Mas Pol Pot estava apenas começando. O líder do país, agora chamado de "Kampuchea Democrático", era um homem cuja obsessão por pureza ideológica se transformou em patologia assassina. Ele via como ameaça qualquer pessoa que tivesse estudo e mandou estudantes e profissionais urbanos fazerem trabalhos forçados no campo. Muitas dezenas de milhares seriam sumariamente executados ali, nos "Campos da Morte".

O AMARGO FIM
Os evacuados civis recebem ajuda para embarcar num helicóptero num telhado perto da embaixada dos EUA em Saigon, poucas horas antes da tomada da cidade pelos comunistas. Muitos milhares de funcionários e auxiliares locais foram deixados para trás para enfrentarem o seu destino. A saída dos Estados Unidos, além de indigna, foi quase indecorosa em termos éticos.

À ESQUERDA:
"BATALHA DO ARROZ"
Muitos aldeões vietnamitas eram forçados a se acocorar assim entre as ruínas fumegantes da aldeia destruída pelos americanos. Essa mulher cambojana deve à falta de seu lar ao Viet Cong. A localização da trilha Ho Chi Minh tornou praticamente inevitáveis essas ações periféricas. O conflito transbordou para cá no início de 1974.

ACIMA, NO ALTO:
LUTA NA ALDEIA
Soldados cambojanos defendem a cidade de Kampong Cham da tentativa de cerco de forças norte-vietnamitas e vietcongues decididas a manter aberta a qualquer custo a linha de suprimento até o Vietnã do Sul.

ACIMA, EMBAIXO:
SAÍDA APRESSADA
Atrás de uma cerca, os cambojanos observam as autoridades americanas e os estrangeiros serem levados sem cerimônia do campo de uma escola depois da queda de Phnom Penh em abril de 1975.

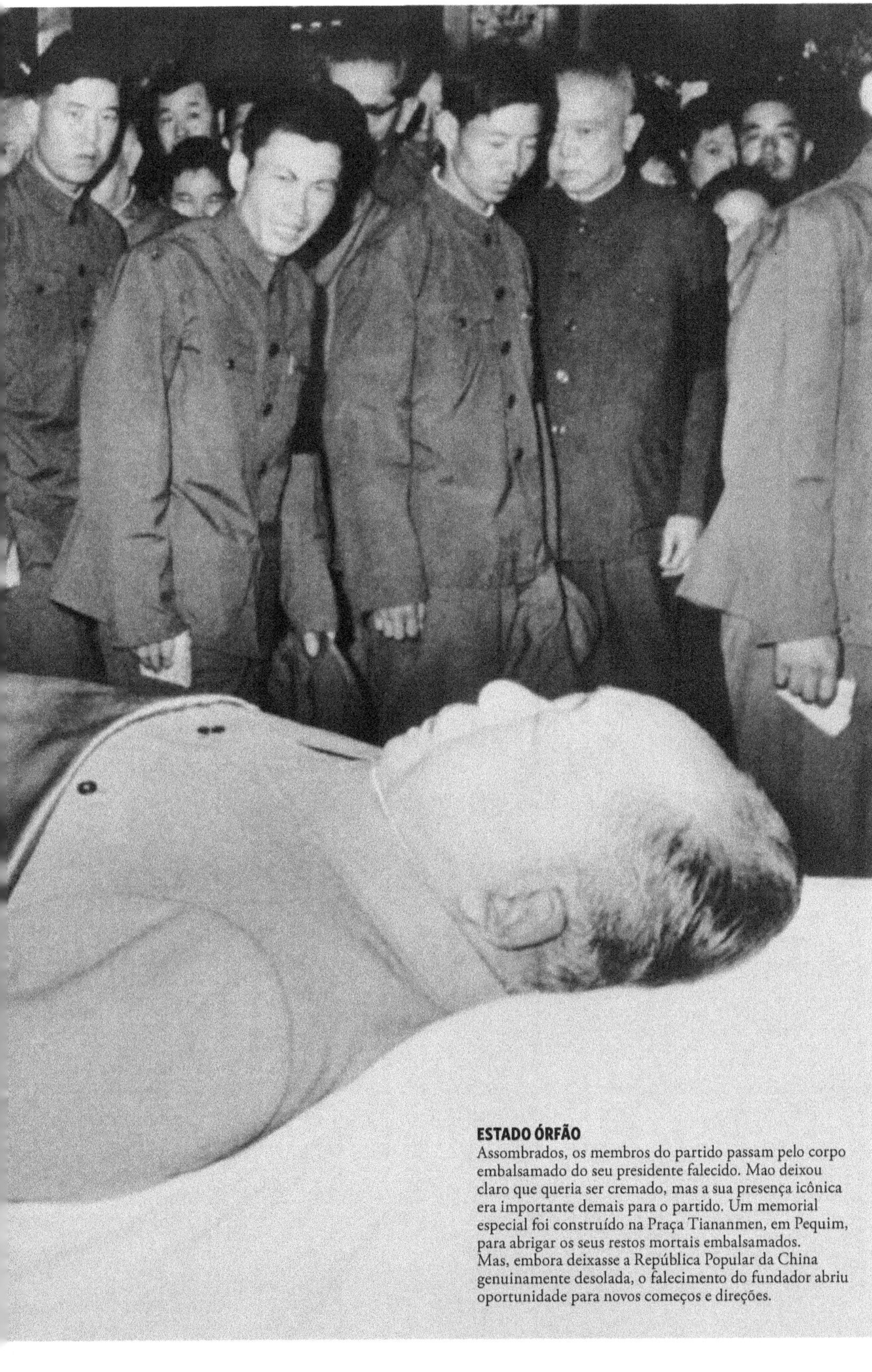

ESTADO ÓRFÃO
Assombrados, os membros do partido passam pelo corpo embalsamado do seu presidente falecido. Mao deixou claro que queria ser cremado, mas a sua presença icônica era importante demais para o partido. Um memorial especial foi construído na Praça Tiananmen, em Pequim, para abrigar os seus restos mortais embalsamados. Mas, embora deixasse a República Popular da China genuinamente desolada, o falecimento do fundador abriu oportunidade para novos começos e direções.

鄧小平副総理
黄華外交部長

園田外務大臣
福田総理大臣

PÁGINAS ANTERIORES:
CONTATOS
Em outubro de 1978, o vice-presidente Deng Xiao Ping fez uma visita oficial a Tóquio para se reunir com o primeiro-ministro japonês Takeo Fukuda. O encontro marcou a conclusão do Tratado de Amizade entre o Japão e a República Popular da China. Não se deve subestimar a importância dessa visita. Ela ocorreu 33 anos depois do fim da Segunda Guerra Mundial. O Japão invasor e imperialista cometeu atrocidades terríveis. Portanto, a disposição da China de deixar o passado para trás foi espantosa.

Provavelmente, a atitude purista de Pol Pot refletia a influência de Mao, cuja China agora substituía a União Soviética como principal patrocinadora do Khmer Vermelho. Na verdade, nessa parte do sudeste da Ásia, cada vez mais a oposição da Guerra Fria ocupava o segundo lugar como motor de eventos políticos depois das consequências em longo prazo da ruptura sino-soviética (p. 85). O pesadelo do Kampuchea só chegaria ao fim em 1977, quando o Vietnã, com apoio soviético, invadiu e derrotou o Khmer Vermelho.

O Camboja não foi o único campo da morte. Em 1975, a invasão de Timor-Leste pela Indonésia provocou um período longo e sangrento de repressão pelo estado de Suharto. Colônia portuguesa até o ano anterior e muito próximo de Java, o Timor-Leste tinha uma cultura própria e distinta. As ambições territoriais da Indonésia se combinaram aos temores americanos do surgimento de um pequeno estado comunista no vácuo de poder pós-colonial. Nesses termos, a invasão de Suharto fazia sentido. Mas não fazia sentido nenhum para os timorenses. Mais de 100 mil morreram nos combates, na fome provocada por eles e nas atrocidades cometidas pelas forças indonésias.

GUERRAS CIVIS AFRICANAS

As savanas do sul da África também tiveram o seu quinhão de sangue derramado. Houve guerras civis medonhas em Angola e Moçambique. Elas começaram como lutas pela independência, mas, com a morte do idoso ditador português António Salazar (1970), que em poucos anos levou à "Revolução dos

PÁGINA AO LADO:
DISCURSO EM COMBATE
Os combatentes pela liberdade da Fretilin (Frente Revolucionária de Timor-Leste Independente) se reúnem para ouvir o seu fundador e futuro presidente José Ramos-Horta, em outubro de 1975.

ACIMA:
COLÔNIA ESQUECIDA
José Ramos-Horta (à direita) caminha pela floresta com uma patrulha da Fretilin em outubro de 1975. Possessão portuguesa até o ano anterior, o Timor-Leste, uma nação minúscula, agora enfrentava praticamente a recolonização pela Indonésia de Suharto.

Cravos" no país e à transição para a democracia (1974), os rebeldes se viram arrombando uma porta aberta.

A independência veio em 1975. Em ambos os países, governos marxistas criaram estados monopartidários nos quais houve resistência de milícias de direita. Inevitavelmente, esses conflitos foram cooptados pelos rivais da Guerra Fria. Em Moçambique, os soviéticos apoiaram o governo da Frente Nacional pela Libertação de Moçambique (FRELIMO); os americanos, os guerrilheiros da Resistência Nacional Moçambicana (RENAMO).

Em Angola, o Movimento Popular pela Libertação de Angola (MPLA) tinha apoio soviético; a rebelde União Nacional pela Independência Total de Angola (UNITA), dos Estados Unidos.

PÁGINA AO LADO:
NÃO É BRINQUEDO
A arma era um triste nivelador equipando meninos para fazerem serviço de homens — em termos físicos, embora não emocionais. Esse menino soldado serve no MPLA esquerdista angolano.

ABAIXO:
¡QUE VIVA LA REVOLUCIÓN!
Em 1979, em triunfo, rebeldes sandinistas entram em Manágua, prontos para tomar o poder na culminância de uma campanha de quarenta anos contra os sucessivos presidentes da família Somoza. Como Fidel Castro e seus *compañeros* quarenta anos antes, os sandinistas levaram um elemento de cor e romance a uma causa de esquerda que poderia ser séria e sem graça.

PASSOS À FRENTE
Flanqueado por colegas revolucionários, Daniel Ortega caminha por Manágua, capital da Nicarágua, à frente de uma marcha popular triunfante em 1979. Líder da "Junta de Reconstrução Nacional", criada com a derrubada de Anastasio Somoza Debayle, Ortega foi o líder mais carismático a surgir na esquerda internacional desde Fidel Castro. O seu programa de nacionalização, reforma agrária e redistribuição de renda lhe garantiu a presidência e, aos sandinistas, o governo nas eleições de 1985.

CONSPIRAÇÕES DA CIA

Um necessário momento de ligeiro alívio veio com a revelação (diante da Comissão Church do Senado americano de 1975) das conspirações mais fora do comum da CIA contra Fidel Castro. Entre as ideias, estavam charutos explosivos e a tentativa de polvilhar depilador no microfone para que a barba, sua marca registrada, caísse.

Havia menos razão de risos na China. Na sua última década, Mao decidiu fazer uma "Revolução Cultural" para tirar o povo da suposta complacência confortável. Realizada pelos jovens e fanáticos da "Guarda Vermelha", essa farra de vandalismo e violência da multidão provocou destruição indizível e custou até 10 milhões de vidas. Mas o culto à personalidade fez de Mao literalmente uma lenda em vida. Assim, a sua morte em 1976 deixou o povo chinês perdido. Alguns líderes viram a oportunidade de levar o país por uma trilha diferente. As reformas econômicas seriam anunciadas por Deng Xiao Ping no fim de 1978.

A década terminou com o envio de soldados soviéticos para o Afeganistão, onde o governo dependente da URSS era ameaçado pelos mujahedins (guerreiros santos), os guerrilheiros locais. A situação mostrou os limites da autoridade soviética, mas a reação rápida e violenta de Moscou reforçou o poder que o país estava disposto a exercer em seu "quintal".

ACIMA:
VISLUMBRE DO FUTURO?
Arqui-inimigos dos soviéticos no Afeganistão, provavelmente os mujahedins também eram uma indicação da futura situação estratégica. Além de a sua vitória confirmar a lógica de que "pequeno é melhor" que sustentou o Viet Cong, eles eram movidos por convicções religiosas para as quais o paradigma da Guerra Fria não tinha espaço.

PÁGINA AO LADO, NO ALTO:
MIRAR NO ALTO
As forças do governo do Afeganistão tinham as vantagens do apoio soviético — em treinamento, equipamento e suprimentos —, mas era difícil se manter à altura da dedicação e da engenhosidade dos inimigos. Aqui, um mujahedim opera uma metralhadora antiaérea de fabricação soviética capturada do inimigo.

PÁGINA AO LADO, EMBAIXO:
ANSIEDADE AFEGÃ
Soldados soviéticos enviados para apoiar o governo favorável a Moscou sob pressão no país avançam por uma estrada no Afeganistão. Moscou temia que, na melhor das hipóteses, as tribos em guerra reduzissem o lugar à anarquia, ou, na pior delas, que um estado islâmico imprevisível surgisse ao sul da fronteira.

UM PAPA PARA A POLÔNIA
Um ano depois de eleito, o Papa João Paulo II fez uma visita triunfante à sua Polônia natal. Nascido em Wadowice e seminarista clandestino em Cracóvia durante a Segunda Guerra Mundial, Karol Wojtyla foi ordenado em 1946. Era descrito por críticos e admiradores como "o Papa Astro do Rock". A viagem à Polônia visava tanto à renovação espiritual quanto à patriótica e provocou uma potente explosão de orgulho nacional. Aqui, ele fala à multidão na varanda da residência do bispo de Gniezno.

USSR
SUKS

Década de 1980

Em 3 de janeiro de 1980, de volta à Sala Oval depois dos feriados de Ano Novo, Jimmy Carter abriu uma nova fase na Guerra Fria. Sua solicitação ao Senado americano de suspender o fogo (por assim dizer) na aprovação do tratado de limitação de armas estratégicas (SALT II) foi a primeira reação real do seu governo à invasão soviética do Afeganistão. Haveria muitas outras. Embora a maior parte fosse simbólica, ainda assim atingia o alvo.

O mal-estar afetaria as Olimpíadas de Inverno, realizadas em fevereiro em Lake Placid, no estado de Nova York. Os Estados Unidos exigiram o cancelamento dos Jogos Olímpicos de Verão a serem realizados em Moscou no mesmo ano. Embora o Comitê Olímpico Internacional se recusasse a atender, o boicote unilateral americano obscureceu a exibição triunfante que os soviéticos esperavam fazer da sua destreza desportiva e do seu talento coletivo.

Por mais desconcertante que fosse a invasão do Afeganistão para os americanos, entre os soviéticos já havia a noção de que talvez tivessem exagerado. Os comentaristas ocidentais afirmavam que a guerra seria o "Vietnã da Rússia".

PÁGINA AO LADO:

GELO DO INVERNO

Manifestantes americanos na Olimpíada de Inverno, em Lake Placid, no estado de Nova York, registram sua raiva com a invasão soviética do Afeganistão e exigem o boicote dos Jogos de Moscou. Essas exigências vinham crescendo graças ao currículo de desrespeito aos direitos humanos da União Soviética.

PÁGINAS SEGUINTES:

DESMANCHA-PRAZERES

A espetacular cerimônia de abertura dos Jogos Olímpicos de Verão de 1980 em Moscou mostrou que a União Soviética não perdeu a capacidade de organizar uma festa totalitária à moda antiga. Mas, graças ao boicote ocidental, boa parte da graça se perdeu.

Sem dúvida, havia muita ilusão nessa afirmativa. Ao mesmo tempo, ela soava convincente a ponto de provocar preocupação em Moscou.

FÉ, ESPERANÇA E SOLIDARIEDADE

Na medida em que se preocupava com a política, a Igreja Católica sempre adotou o lado conservador. A instituição apreciava a proteção dos poderosos e as doações dos ricos. Também temia a influência de um progressismo que, na melhor das hipóteses, considerava um incentivo à irreverência e, na pior, ao ateísmo. Foi assim na Guerra Fria. Os países capitalistas podiam ser materialistas na cultura de consumo, mas os comunistas eram declaradamente "materialistas" no seu pensamento.

No nível popular, por algum tempo os católicos viram a luta das superpotências em termos religiosos e encontraram inspiração na devoção (alguns diriam "culto") à Nossa Senhora de Fátima. A Virgem Maria teria aparecido em 1917 para um grupo de crianças nessa pequena aldeia portuguesa e profetizado que a Rússia sem Deus não demoraria a ser "consagrada" ao seu "Imaculado Coração". Inevitavelmente, na época da Guerra Fria essa profecia foi interpretada como a previsão da conquista e da conversão da URSS ateia.

Mas outras visões da situação do mundo estavam disponíveis. A Igreja era vasta, suas escrituras ricas e complexas. Daí a atração da chamada "Teologia da Libertação" para padres e freiras idealistas da América Latina. Ao adotar a linha da defesa declarada dos pobres por Cristo e a sua condenação intransigente dos ricos, eles o reinventaram como revolucionário. Movimentos como o sandinismo foram reforçados por esse apoio.

Mas, no contexto de uma Polônia comunista, o próprio conservadorismo do catolicismo o tornou revolucionário. E sua causa foi poderosamente promovida pela visita do Papa João Paulo II (p. 170-171). No país, muitos se agarravam ao catolicismo como um aspecto da identidade nacional que consideravam suprimido pelo domínio soviético.

Entre eles, havia homens e mulheres da classe trabalhadora, do tipo exato para o qual o socialismo existia em termos nominais — e com quem a religião (como Marx defendia) simplesmente não se importava. Homens como Lech Walesa, que, em agosto de 1980, comandou uma passeata no Estaleiro Lênin, em Gdansk.

Deflagrada pela demissão de uma camarada que os operários consideraram injusta, a greve do Estaleiro Lênin gerou ações de solidariedade em toda a Polônia. Além das exigências mais específicas, havia um princípio importante: o direito dos trabalhadores a se organizarem. As greves eram ilegais nos países da Cortina de Ferro. Como supostamente o socialismo representava o governo dos trabalhadores, os estados comunistas não reconheciam o direito dos cidadãos aos sindicatos.

PÁGINA AO LADO:
FIM E COMEÇO
Entre os vivas de uma grande assembleia de trabalhadores em 31 de agosto de 1981, Lech Walesa diz que a greve acabou: o governo assinou o "Acordo de Gdansk" e reconheceu o direito de sindicalização. Mas, como movimento mais amplo, o Solidarność (Solidariedade) estava apenas começando. Haveria reverberação em todos os países da Cortina de Ferro.

PÁGINAS SEGUINTES:
UMA MARRETA?
Soldados poloneses param um homem na rua para verificar seus documentos (à esquerda) enquanto um deles entra numa loja para ver quem está lá. Até certo ponto, o estado de sítio foi eficaz. Deu fim aos protestos declarados. Mas, ao forçar o movimento pela liberdade a ir para a clandestinidade, provavelmente só guardou o problema para o futuro.

STATES

ESCUDO NO ESPAÇO
Em janeiro de 1987, o presidente Reagan relata o progresso da Iniciativa de Defesa Estratégica (Strategic Defense Initiative — SDI) dos Estados Unidos desde o anúncio do plano em 1984. Nessa época, ele blefava. Ao que parece, os cientistas do governo avisaram que os avanços tecnológicos de que o programa dependia fundamentalmente ainda estavam a anos de distância. Há indícios de que os soviéticos desconfiavam disso. Eles não interromperam o seu programa de mísseis balísticos intercontinentais. Mesmo assim, a própria ideia do sistema "Guerra nas Estrelas" aumentou as apostas. Como os soviéticos lidariam com o sucesso do SDI, ainda que parcial?

O sindicato livre Solidarność da Polônia e o movimento mais amplo provocado por ele seriam sufocados com violência a partir de 13 de dezembro de 1981, quando o líder comunista general Wojciech Jaruzelski declarou estado de sítio. Mas isso só aconteceu depois que a mensagem de coragem e esperança inspirou o mundo.

UM ESCUDO NO ESPAÇO

Ronald Reagan se tornou presidente dos Estados Unidos em 1981. O ex-ator de cinema era pessoalmente genial, mas da direita em termos políticos — e, ao que parecia, agressivo na atitude diante da União Soviética: num discurso em março de 1983, ele a chamou de "império do mal". A mídia americana e o premier soviético Yuri Andropov não souberam até que ponto levá-lo a sério quando, em outro discurso poucas semanas depois, ele pensou em voz alta sobre um sistema de armas, segundo ele em desenvolvimento, para remover o risco de guerra nuclear.

Seria um sistema integrado de satélites, lasers, mísseis e outras armas avançadas para interceptar os mísseis balísticos intercontinentais antes que ameaçassem os Estados Unidos. Não surpreende que a ideia tenha agradado à imprensa. Inevitavelmente, o projeto passou a ser chamado de "Guerra nas Estrelas", franquia de filmes de ficção científica que fazia sucesso na época.

OLHO POR OLHO
Naturalmente, as Olimpíadas de 1984 em Los Angeles foram boicotadas pelo bloco oriental. Aqui, os fãs americanos mandam saudações zombeteiras. No entanto, a sabotagem de jogos sucessivos foi uma verdadeira tragédia para os atletas, e a integridade das Olimpíadas correu risco.

RUSSIA WITH LOVE!
AVING A GREAT TIME,
ISH YOU WERE HERE!
FROM ALL OF US

КАСПАРОВ

BATALHA NO TABULEIRO
Em 1984, os soviéticos se vingaram da vitória de Fischer sobre Spassky quando Anatoly Karpov enfrentou o conterrâneo russo Garry Kasparov no Campeonato Mundial de Xadrez. Karpov dominava o xadrez mundial havia uma década; a princípio, o desafiante lutou para cansá-lo. Ele começou com vantagem, mas muito devagar; finalmente, depois de cinco longos meses de 48 jogos, a disputa foi cancelada. Dado que Karpov ainda estava na liderança, a decisão foi controvertida, ainda mais porque Kasparov venceu o jogo do ano seguinte.

Mesmo admitindo o exagero das declarações de Reagan, o alcance do SDI foi transformador. Sem dúvida causou consternação no bloco soviético. Andropov nem se esforçou para fingir que não estava assustado. Ele avisou que a iniciativa teria impacto desestabilizador; era uma ameaça à paz mundial. E, apesar das declarações de que ficariam sob o guarda-chuva protetor, ela também provocou certo nervosismo nos aliados europeus dos Estados Unidos.

Seis meses depois, caças soviéticos derrubaram um jato de passageiros da Korean Airlines que ia de Anchorage, no Alasca, a Seul e que penetrou em seu espaço aéreo no Extremo Oriente. Os 269 passageiros e tripulantes foram mortos. Voaram acusações e contra-acusações; era difícil ter certeza do que os pilotos soviéticos sabiam ou deixavam de saber sobre o voo KAL007 ou se houve ou não avisos. Mesmo assim, a caracterização de "massacre" que Reagan usou para o ataque não pareceu muito fora da realidade.

VASSOURA NOVA

A afirmativa de que a URSS era uma "gerontocracia" precisa ser feita com certa cautela. Ronald Reagan estava a poucos dias de completar 70 anos quando assumiu a presidência pela primeira vez. Dito isso, ele foi o presidente mais velho em primeiro mandato dos Estados Unidos até então. Na União Soviética, essa idade parecia estar na média. Yuri Andropov, que tinha 68 anos ao suceder a Leonid Brejnev, com 75, morreu dois anos depois, em 1984. Seu sucessor Konstantin Chernenko não gozava de boa saúde ao ser nomeado premier aos 70 anos e só durou pouco mais de um ano.

Vinte anos mais novo, Mikhail Gorbatchóv, de cinquenta e poucos anos, se tornou premier em março de 1985. Pertencia a uma geração completamente diferente, e isso ficava nítido não só no vigor físico como no estilo pessoal amistoso e informal que, para muitos, refletia o carisma glamoroso da esposa Raíssa.

Também eram evidentes a flexibilidade ideológica e a abertura a novas ideias que simplesmente não estavam disponíveis em nenhum dos seus antecessores. Além de produtos do Partido Comunista (que Gorbatchóv também era), eles foram formados pela história que viveram. Ou seja, a época de Stálin, em que a disciplina implacável, o sigilo e a paranoia imperavam no país e a URSS mostrava ao mundo exterior uma face hostil e defensiva.

PÁGINA AO LADO:
ESPÍRITO DE COOPERAÇÃO
Hospedado na Casa Branca de Reagan, Mikhail Gorbatchóv se senta com o anfitrião para assinar o Tratado de Forças Nucleares de Médio Alcance em 1987. Alegava-se que, para fugir das restrições impostas aos mísseis balísticos intercontinentais pelo SALT II, a URSS tinha desenvolvido armas de alcance mais curto que deixavam a Europa na linha de fogo nuclear.

PÁGINAS SEGUINTES:
FORA DO AFEGANISTÃO
Uma coluna de blindados atravessa a ponte de Termez, na fronteira afegã-soviética, com os soldados claramente aliviados em voltar para casa. A guerra, um dreno aparentemente interminável para a URSS em termos militares, econômicos, sociais e, talvez, morais, não cumpriu nenhum dos objetivos declarados.

КЪДЕ СИ ТИ
ЛЮБОВ
НАРОДНА
Т. ЖИВКОВ САМ
ЛИ ИЗВЪРШИ
ТЕЗИ БЕЗ

Vista pelo Ocidente em termos relativamente gerais e despersonalizados como conflito global, a Segunda Guerra Mundial foi vivida pelos soviéticos como luta pela sobrevivência: ela era a "Grande Guerra Patriótica". Havia boas razões para a geração que lutou confundir rigidez com correção e obstinação com integridade, mas essas razões não faziam sentido na época moderna.

O comunismo soviético levou um país atrasado para o século XX; industrializou uma economia agrária. Também se pode dizer que foi o líder da luta contra o fascismo na guerra; indiscutivelmente, salvou o Ocidente. Além disso, realizou grandes coisas na ciência e na tecnologia. Ainda assim, a maior parte dos cidadãos vivia em austeridade permanente; a salvo da real carestia, mas condenada pelo sistema a uma vida mediana e espartana.

Gorbatchóv ressaltou o paradoxo. "Nossos foguetes conseguem encontrar o cometa de Halley", disse ele, "mas muitos eletrodomésticos são de má qualidade". Os trabalhadores do Ocidente podiam ser oprimidos, sua "mais-valia" sugada pelos patrões cruéis, mas tinham televisores, sistemas de som, geladeiras e carros que funcionavam. Graças ao sindicalismo que as economias capitalistas aceitaram (ainda que de má vontade), recebiam salários e benefícios com que seus camaradas soviéticos só podiam sonhar. E tinham acesso a uma cultura de consumo rica e diversificada, das férias no exterior aos filmes e à moda. Para os velhos comunistas, esse entusiasmo parecia raso. Contudo, para a geração mais nova tudo isso era importante.

MEDIDAS DESESPERADAS

Mas a URSS tinha dificuldade até de sustentar sua defesa ano após ano. Qualquer aspiração além disso parecia uma ambição impossível. Desse modo, Gorbatchóv propôs a política da *perestroika* — uma "reestruturação" por atacado do sistema econômico. Para permitir mudança tão radical, seria necessário transformar a política soviética; por sua vez, isso exigiria uma alteração completa da atitude.

Ele descreveu o novo panorama que buscava como *glasnost*, "transparência" — que, na verdade, se resumia a mais liberdade de expressão, publicação e ativismo político e também de empreendedorismo e investimento. De diplomacia também: Gorbatchóv fez visitas de alto nível ao Ocidente. (Margaret Thatcher, primeira-ministra conservadora da Grã-Bretanha, disse sabidamente que ele era "um homem com quem é possível fazer negócios".)

Gorbatchóv admitia que essas mudanças eram drásticas e quase inimagináveis — mas ele sustentava que eram absolutamente essenciais para salvar a União Soviética da crise crônica. Enquanto isso, na esperança de controlar os gastos com a defesa, ele trabalharia muito com o Ocidente para aumentar o controle das armas. Uma de suas primeiras ações ao chegar ao poder foi anunciar uma moratória dos testes nucleares, prorrogada um ano depois. O início do governo de Reconciliação Nacional de Mohammad Najibullah em 1987 permitiu que ele ordenasse a retirada do Afeganistão a partir de maio de 1988.

PÁGINA AO LADO, NO ALTO:
PARCEIRO DE NEGÓCIOS
A primeira-ministra britânica Margaret Thatcher se encontra com o presidente Mikhail Gorbatchóv na base Brize Norton da RAF em dezembro de 1987. Dizem que ela observou: "Gosto do Sr. Gorbatchóv. Podemos fazer negócios juntos."

PÁGINA AO LADO, EMBAIXO:
PODER POPULAR
Como sabiam os líderes comunistas anteriores, dê um centímetro ao povo e ele tomará um quilômetro democrático. A política da *glasnost* de Gorbatchóv sempre correu grandes riscos. Em 1989, a agitação aumentava em todos os países da Cortina de Ferro. Aqui, em Sófia, na Bulgária, uma vasta multidão foi às ruas exigir eleições livres. Antes, esse tipo de coisa acabava mal, como em Budapeste e Praga. Mas o compromisso de Gorbatchóv em dezembro de 1988 de que a URSS não interviria nos assuntos internos dos aliados incentivou o povo a clamar por liberdade.

LUZES NO ESCURO
Tchecoslovacos acendem velas em homenagem aos manifestantes feridos pela polícia no início da chamada "Revolução de Veludo". A repressão violenta de uma manifestação de estudantes em Praga, em 17 de novembro de 1989, só levou mais dezenas de milhares de manifestantes às ruas. Nos dias que se seguiram, a ação foi como uma bola de neve e se espalhou por todo o país. Os governantes comunistas não souberam o que fazer — e agora não tinham a possibilidade de serem resgatados pelos patrocinadores soviéticos. Em 28 de novembro, o Partido saiu do poder.

RUMO AO LAR
As forças soviéticas começam a sair da Hungria em 25 de abril de 1989. O Comitê Central do Partido Comunista Húngaro já tinha admitido que entregaria o poder. As conversações, portanto, estavam em andamento entre uma série de partidos democráticos a respeito do melhor caminho para o país. As primeiras eleições livres se realizaram pouco mais de um ano depois.

ABRE-SE A CORTINA

O acordo feito em Ialta vinha desmoronando com rapidez. Em abril de 1989, o governo polonês reconheceu o Solidarność. No fim do mês, as forças soviéticas começaram a sair da Hungria. Na Alemanha Oriental, uma "Revolução Pacífica" estava em andamento. Em setembro, refugiados corriam para a Áustria através da Tchecoslováquia e da Polônia. Nominalmente, os governos ainda eram comunistas, mas com dificuldade de manter a linha.

O Muro de Berlim caiu em 9 de novembro de 1989, num momento tão simbólico quanto a sua construção — mas muito mais animado. A fronteira nacional entre a RDA e a RFA caiu em seguida, permitindo que os alemães orientais fossem diretamente para o oeste. Em 3 de dezembro, o governo alemão oriental jogou a toalha.

Nessa época, o Partido Comunista que governava a Bulgária já tinha sido derrubado; pouco mais de uma quinzena depois, o mesmo aconteceu na Tchecoslováquia. A Romênia ganhou o presente de Natal perfeito com a derrubada de Nicolae Ceaușescu em 25 de dezembro. A década terminou com Václav Havel se tornando o primeiro presidente democraticamente eleito da Tchecoslováquia em 29 de dezembro.

PÁGINA AO LADO E ACIMA:
DEMOLIÇÃO
O Muro de Berlim, em sua monotonia de concreto sujo e cinzento, simbolizava a feiura da divisão ideológica da Alemanha, apesar de todo o esforço dos artistas do grafite. O ataque a ele combinou elementos de festa e frenesi, e os berlinenses desafogaram as décadas de frustração acumulada. Os guardas de fronteira alemães orientais assistiram impassíveis (acima) ao trabalho dos manifestantes. Logo, o Muro foi sistematicamente demolido (página ao lado).

PÁGINAS SEGUINTES:
OLHOS NO FUTURO
Os berlinenses apreciam a vista no alto da barreira que dividiu a sua cidade por mais de três décadas. Em quase todo o comprimento, o muro era encimado por obstáculos antiescalada. Eles foram omitidos perto dos turísticos Portões de Brandenburgo, que se tornaram o lugar perfeito para relaxar e respirar o ar da liberdade.

ACIMA E À DIREITA:
REVOLUÇÃO NA ROMÊNIA
Soldados e civis fazem causa comum no levante contra Nicolae Ceauşescu, governante da Romênia. Aqui (à esquerda), eles se escondem atrás de um tanque para se proteger do fogo pesado da Securitate, a polícia secreta leal ao ditador, enquanto à direita um manifestante segura uma bandeira romena em que a insígnia central do Partido Comunista foi removida.

PÁGINA AO LADO:
CAUSA COMUM
A política prática pode ser um jogo sujo. Naturalmente, os líderes ocidentais estavam ansiosos para se associar ao idealismo do movimento libertário do bloco oriental; é compreensível que quem fazia campanha pela democracia valorizasse o seu apoio. Aqui, o presidente americano George H. W. Bush (à direita) se une a Lech Walesa num comício do Solidariedade na Polônia.

BUSH'A

À DIREITA:

FERVOR PELA REFORMA

Desde a morte de Mao, Deng Xiao Ping tentava abrir a economia sem, ao mesmo tempo, enfraquecer o domínio político do partido na China. Como Mikhail Gorbatchóv descobriu, isso não era fácil. A Praça Tiananmen era o principal espaço público de Pequim. Em 1966, no início da Revolução Cultural, um milhão de jovens da Guarda Vermelha se reuniram ali para jurar lealdade de vida ou morte ao presidente Mao. Agora, em abril de 1989, vários milhares de novos manifestantes pela democracia acamparam na praça para pressionar o Partido Comunista a fazer reformas. No ponto máximo do protesto, perto do fim de maio, havia cerca de 300 mil pessoas na praça Tiananmen; houve manifestações semelhantes em centenas de outras cidades chinesas.

PÁGINAS SEGUINTES:

CORAGEM SILENCIOSA

Deng Xiao Ping ficou desconcertado com a escala e a paixão das manifestações pró-democracia. Os seus camaradas na liderança do partido estavam profundamente impassíveis. Ao ordenar que a manifestação se dispersasse, ameaçaram com ações violentas, mas, embora muitos partissem, mais de 100 mil pessoas permaneceram.

Em 3 de junho de 1989, os soldados enviados com tanques para a praça abriram caminho com armas automáticas. Nos dias seguintes, enquanto a resistência passiva ao avanço continuava, o Exército de Libertação Popular continuou a limpar a praça e as ruas próximas. Às vezes, contentavam-se em chutar e surrar os manifestantes, mas em muitos casos voltaram a atirar. Quando a crise terminou, vários milhares de manifestantes estavam mortos.

A imagem do manifestante solitário em confronto com o avanço de uma linha de tanques se tornou simbólica e hoje é conhecida no mundo inteiro.

Década de 1990

Em janeiro de 1990, o primeiro McDonald's de Moscou foi inaugurado na praça Pushkinskaia. Os clientes ficaram horas na fila para provar o estilo ocidental e conhecer a eficiência capitalista: o sistema que funcionava como um relógio era uma emoção em si para quem estava acostumado com o caos organizado da União Soviética, onde a norma eram a escassez e os atrasos. Os cidadãos simplesmente tinham de aguentar. Os ocidentais podem fazer careta para a cordialidade fingida dos atendentes, mas ela era melhor do que a impressão que as empresas socialistas sempre davam de que o cliente era um incômodo e que tinha de agradecer pelo que o Estado se dignava a fornecer. Agora, eles se maravilhavam com o atendimento dos pedidos em poucos segundos de acordo com as especificações, com as refeições feitas em mesas claras e limpas, num ambiente tranquilo e acolhedor.

A Praça Pushkinskaia recebeu esse nome em homenagem ao grande poeta romântico russo Aleksandr Púchkin. Sua estátua impressionante era o principal marco do lugar, mas agora tinha os arcos amarelos como rivais.

PÁGINA AO LADO:

SOB NOVA ADMINISTRAÇÃO

Presidente recém-empossado da República Russa, Boris Yeltsin (no centro) irradia determinação empresarial. Formado como Gorbatchóv na escola de pensamento do Partido Comunista, Yeltsin era ainda mais radical na visão reformista. Enquanto o antecessor pensava em mudanças para, segundo sua visão, salvar a realização comunista, Yeltsin preferiu uma mudança total para a economia de mercado e o pluralismo democrático.

É claro que era só um sinal. A nova lanchonete não teria como transmitir sua eficiência otimizada a uma economia soviética ainda atolada em práticas restritivas, nem o seu espírito de serviço ao que sempre foi uma tirania burocrática. A importância do McDonald's de Moscou seria como emblema dos valores ocidentais a que o povo agora aspirava e que o governo, com certa cautela, se sentia disposto a alimentar.

LIBERTAÇÃO

"Não se pode fazer omelete sem quebrar ovos", disse supostamente Stálin. Desfazer a omelete não seria menos difícil e prejudicial. Como avisaram os críticos comunistas da linha dura, a *glasnost* (p. 191) abriu a URSS ao jogo de diferenças políticas, rivalidades regionais e patriotismos locais cujo efeito centrífugo seria quase impossível evitar.

Nessa época, a URSS de Mikhail Gorbatchóv já tinha perdido boa parte do seu império no leste europeu (p. 197). Ao mesmo tempo, surgiam tensões nos estados bálticos (Estônia, Letônia, Lituânia), no Cáucaso (Geórgia, Armênia, Azerbaijão...), nas repúblicas ocidentais (Bielorrússia e Moldávia) e na Ásia central (Cazaquistão, Turcomenistão, Tajiquistão...). Movimentos separatistas fortes e insistentes brotaram em todas essas repúblicas; a União Soviética praticamente não era mais uma união.

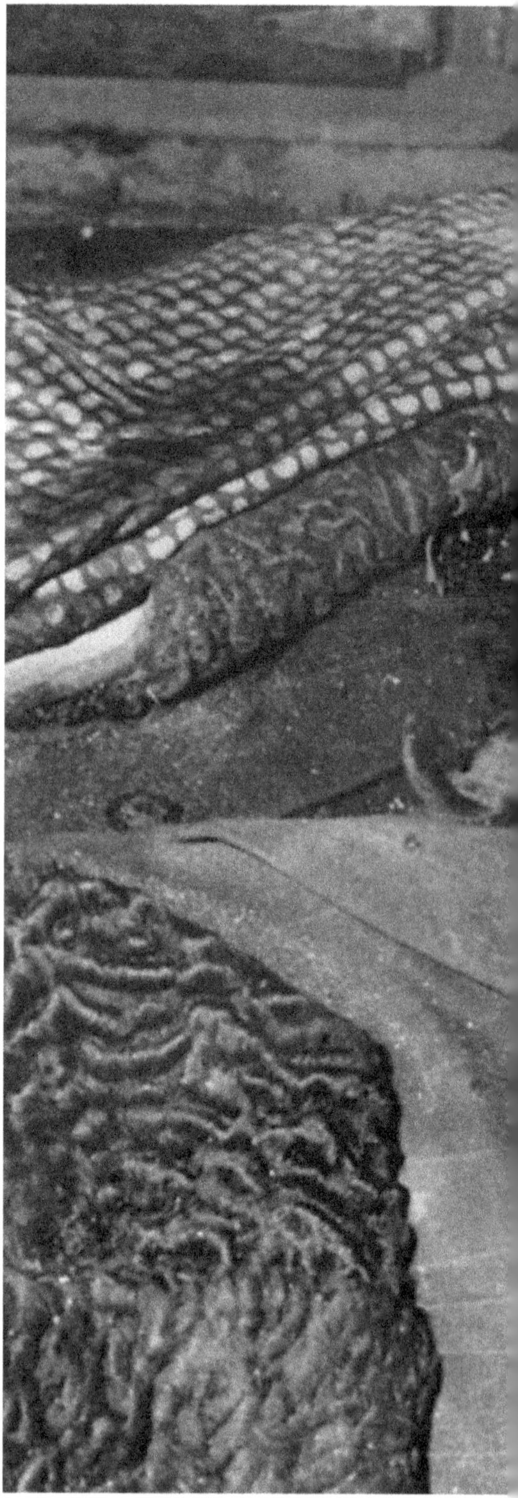

À DIREITA:
O CADÁVER DO COMUNISMO
No dia de Natal de 1989, o ditador romeno Nicolae Ceaușescu foi executado. Em março de 1990, as primeiras fotos foram oficialmente divulgadas. Adoecido havia algum tempo, parecia que o comunismo estava praticamente morto na Europa Oriental. Quanto tempo duraria na URSS?

PÁGINAS SEGUINTES:
REAÇÃO VERMELHA
Além de grave, o "Golpe de Agosto" derrubou a aparente ordem natural comunista. Talvez fosse um *déjà vu* para Budapeste e Praga, mas, para Moscou, tanques soviéticos mobilizados nas ruas da cidade foram uma deprimente e profundamente chocante primeira vez.

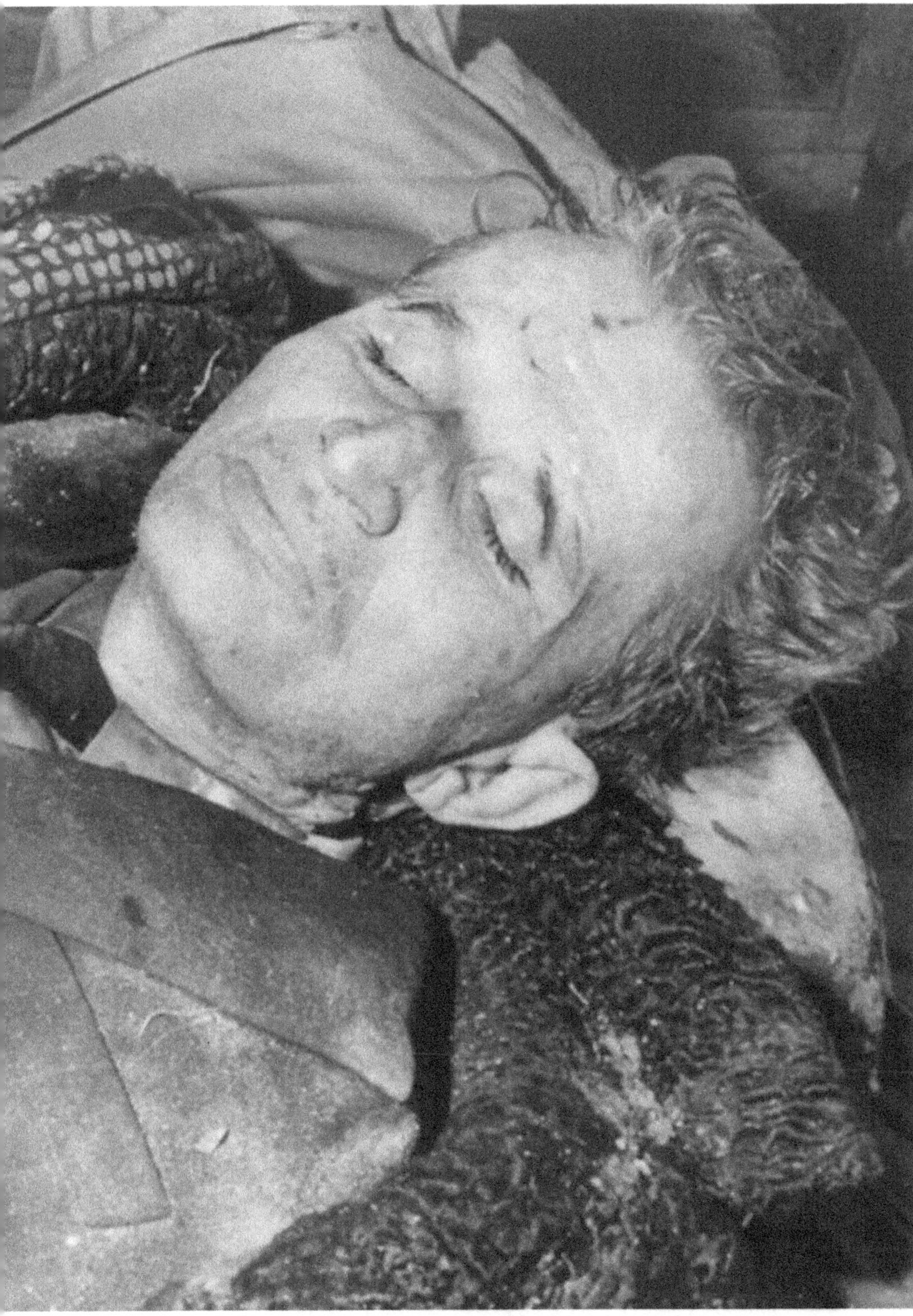

120
120

126

PÁGINAS ANTERIORES:
DESAFIO AO GOLPE
O "Golpe de Agosto" de 1991 ameaçou reverter todo o processo de reforma. Milhares de moscovitas comuns apareceram para protestar. Era difícil questionar as afirmativas dos conspiradores de que a política de Gorbatchóv ameaçava a integridade e o prestígio soviéticos, devido à situação econômica desesperadora e ao desmoronamento dos contornos da União. No entanto, muitos achavam com paixão que valia a pena pagar aquele preço e que uma vida de liberdade e oportunidade era muito preferível à sujeição leal a um regime essencialmente autoritário.

À ESQUERDA:
LIBERDADE!
Em 9 de abril de 1991, após o plebiscito de algumas semanas antes, a República da Geórgia declarou sua independência da URSS. Aqui, entre cenas de júbilo geral nas ruas de Tbilisi, um jovem patriota registra seu desafio. Desde o princípio, a União Soviética abarcou uma variedade imensa de culturas e nacionalidades. Manter uma única ordem abrangente exigia o máximo de autoritarismo da ideologia comunista — e, é claro, a ameaça sempre presente de uso da força.

O que unia esses estados era o clima público delicadamente equilibrado entre o êxtase da libertação e o temor econômico. A lenta estagnação da economia soviética pelo menos garantia aos cidadãos um mínimo de segurança. Agora, a economia havia despencado enquanto o país caía no caos. Quando 1990 deu lugar a 1991, essas divisões só se aprofundaram.

REAÇÃO VERMELHA

A desintegração da URSS chocou a todos no Oriente e no Ocidente. Provocou a mais profunda consternação no país — principalmente, é claro, na velha guarda do Partido Comunista. Muitos achavam que Mikhail Gorbatchóv tinha ultrapassado a ousadia e caído na irresponsabilidade temerária.

Em agosto de 1991, um grupo de linhas-duras do governo e das forças armadas fizeram uma tentativa de golpe e mandaram soldados cercarem o prédio do parlamento russo, também chamado de "Casa Branca". A democracia soviética, na medida em que existia, foi feita refém; Mikhail Gorbatchóv foi preso em sua dacha (casa de campo). Sua recusa a ceder desconcertou os rebeldes.

Enquanto isso, Boris Yeltsin, antigo crítico de Gorbatchóv, mobilizava o sentimento anticomunista. Como o premier, ele exibia credenciais comunistas impressionantes, mas passou a considerar necessárias a democratização política e a mudança para o livre mercado. Ele não achava que as reformas de Gorbatchóv fossem suficientes. Na Rússia, Yeltsin conseguiu apoio suficiente para ser eleito presidente da república naquele ano, mas teve dificuldade de se afirmar contra o partido dominado por Gorbatchóv.

À DIREITA:
DESISTÊNCIA
O premier soviético Mikhail Gorbatchóv lê em voz alta a sua declaração de renúncia. À primeira vista, a sua carreira foi um fracasso, e na Rússia muitos ainda pensam assim, mas no resto do mundo ele é considerado um personagem histórico.

AFIRMAÇÃO DA INDEPENDÊNCIA
O Soviete Supremo da República Socialista Soviética da Ucrânia declarou a independência da URSS em agosto de 1991. Houve um plebiscito em dezembro para o eleitorado aprovar ou rejeitar a decisão. O apoio foi avassalador. Aqui, num dos comícios pré-plebiscito, uma multidão entusiasmada agita bandeiras ucranianas.

No entanto, naquele momento ele foi em socorro do líder; mas o preço que o secretário do partido teria de pagar seria ceder influência a Yeltsin, o próximo homem no comando do país. Gorbatchóv ficaria cada vez mais marginalizado nos próximos meses, em que o Partido Comunista da União Soviética, em primeiro lugar, e depois a própria União Soviética entraram em colapso. Naquele dezembro, com a substituição da URSS por uma já decrépita "Comunidade de Estados Independentes", Gorbatchóv não tinha mais um papel real. Nos anos seguintes, o remodelamento da Rússia por Yeltsin teria sucesso em alguns aspectos, mas o custo seria absurdo, com corrupção estrutural e desigualdades enormes e entranhadas.

"UMA NOVA ORDEM MUNDIAL"

Sem a URSS, não podia haver Guerra Fria. Em poucas palavras, o Ocidente venceu. No que dizia respeito ao Ocidente, como antagonista da Guerra Fria a China sempre foi secundária diante da União Soviética. Não porque lhe faltasse importância, mas porque, historicamente introvertida, tinha até então um papel geopolítico muito menos ativo. Além disso, quaisquer que fossem as deficiências relativas aos direitos humanos, desde a morte do presidente Mao a China vinha construindo uma "economia socialista de mercado" muito mais aceitável para os países capitalistas do Ocidente.

Os Estados Unidos já tinham reivindicado seu prêmio. Em Aspen, no Colorado, em agosto de 1990, o presidente George H. W. Bush falou de uma "nova ordem mundial" em que seu país seria a única superpotência. Ele anunciou que haveria um corte de 25% dos gastos americanos com a defesa. Havia um novo espírito. Os líderes ocidentais tentaram não soar triunfantes e se concentraram nas novas oportunidades que se abriam para todos com esse "dividendo da paz".

Logo os picos ensolarados ficaram nublados. Colin Powell, secretário de Estado de Bush, deixou bem claro quando lamentou o fato de que "não temos mais o luxo de uma ameaça para a qual nos planejar". Os céticos diriam — e muitos disseram — que essa opinião representava a tentativa do complexo militar-industrial de encontrar uma justificativa para sua existência. Mas as décadas seguintes trariam uma série de desafios na política externa, do narcotráfico internacional ao radicalismo islâmico, do novo expansionismo da Rússia à mudança climática.

PÁGINA AO LADO:

MELHOR, IMPOSSÍVEL

Observado por George H. W. Bush, Boris Yeltsin fala à imprensa no Roseiral da Casa Branca. Os dois presidentes concordaram com um importante tratado sobre redução de armas. Yeltsin podia ser carismático, mas, com o passar do tempo, o seu estilo de governo ficou cada vez mais imprevisível. Ele sempre foi independente, mas a queda no alcoolismo não ajudou.

PÁGINAS SEGUINTES:

MURO DA LEMBRANÇA

Visitantes põem flores no Memorial do Muro de Berlim em 9 de novembro de 2018, nas comemorações do aniversário da queda do muro. Numa revolução sem sangue, a queda do muro em 9 de novembro de 1989 deu fim a 28 anos de separação durante a Guerra Fria.

Créditos das Fotos

Alamy: 14 alto (Fremantle), 21 alto (Interfoto), 21 embaixo (Everett Collection Historical), 26 & 30 alto (World History Archive), 40 (Granger Historical Picture Archive), 42 embaixo (IanDagnall Computing), 67 embaixo (Interfoto), 92/93 (dpa picture alliance), 94/95 (IanDagnall Computing), 96 (Glasshouse Images), 97 (Everett Collection Historical), 100 alto (CPA Media), 120/121 (Fuzileiros Navais EUA), 122/123 (Keystone Press), 124/125 (Reuters), 132/133 (Interfoto), 142/143 (Science History Images), 148/149 (Granger Historical Picture Archive), 196 (Pictorial Press), 198/199 (imageBROKER)

Getty Images: 5 (Popperfoto), 6 embaixo (Mirrorpix), 14 embaixo (AFP), 16/17 (Pictures From History/Universal Images Group), 22/23 (AFP), 24/25 (Universal Images Group), 30 embaixo (Archive Photos), 35 (Haywood Magee/Picture Post), 36/37 (Roger Viollet), 39 (Universal Images Group), 53 (Keystone), 54/55 (Popperfoto), 56/57 (Pictures from History), 58 (Popperfoto), 62 embaixo (Fox Photos), 63 (Corbis), 66 (Universal Images Group), 67 alto (Keystone), 72/73 (Popperfoto), 76 (SovFoto), 78 (Keystone-France), 79 (AFP), 80 & 81 (Keystone-France), 82 (Michael Ochs Archives), 84 alto (Universal Images Group), 86/87, 90/91 & 98 (Keystone), 104/105 (J. Wilds), 110 alto (Tim Page), 110 embaixo (SovFoto), 111 (Bride Lane Library/ Popperfoto), 112/113 (Keystone), 113 (The Asahi Shimbun), 114/115 (Vittoriano Rastelli), 116/117 (Rolls Press/ Popperfoto), 126/127 (SovFoto), 128 (Pictures from History), 138/139 (Henri Bureau), 144 (Horacio Villalobos), 146/147 (Julio Donoso), 150/151 (Consolidated News Pictures), 152 (Jacques Pavlovsky), 153 (Roland Neveu), 156 (AFP), 157 embaixo (Roland Neveu), 160/161 (Kurita Kaku), 162 & 163 (Penny Tweedie), 165 (Keystone), 168 (Manoukian Pascal), 169 alto (Alain Mingam), 169 embaixo (Archive Photos), 170/171 (Chuck Fishman), 172 (Corbis), 174/175 (Sygma), 177 (Wojtek Laski), 178/179 (Bride Lane Library/Popperfoto), 180/181 (Dick Halstead), 182/183 (Bob Thomas), 184/185 (Miroslav Zajic), 187 (Dick Halstead), 188/189 (AFP), 190 alto (Mirrorpix), 190 embaixo (Joel Robine/AFP), 192/193 (Peter Turnley), 194/195 (Eric Bouvet/Gamma-Rapho), 197 (Colin C. Campbell), 200 ambas (Peter Turnley), 201 (Diana Walker), 202/203 (Peter Charlesworth), 204/205 (Archive Photos), 206 (Sergei Guneyev), 208/209 (AFP), 210/211 & 212/213 (Alain Nogues/Sygma), 214/215 (Andrei Gorelowsky/AFP), 216/217 (Vitaly Armand/AFP), 218/219 (Anatoly Sapronenkov/AFP), 221 (Ron Sachs/Consolidated News Photos), 222/233 (Ralf Hirschberger/DPA/AFP)

Getty Images/Bettmann Archive: 28/29, 31, 33, 38, 42 alto, 43 ambas, 44/45, 60/61, 62 alto, 64/65, 69, 70, 71 ambas, 84 embaixo, 88/89, 99, 100 embaixo, 103, 108/109, 118/119, 130 ambas, 134/135, 136/137, 140/141, 154/155, 157 alto, 158/159, 164, 166/167

Licenciadas sob os termos do Creative Commons Attribution-Share Alike 3.0 Unported License: 74/75 (Fortepan)

Licenciadas sob a Licença de documentação livre GNU: 7 (San Jose)

iStock: 6 alto (btgbtg)

Biblioteca do Congresso: 8

Arquivos Nacionais e Administração de Documentos (NARA): 10, 11 ambas, 32, 46/47, 48, 50/51, 101, 107

Domínio Público: 12/13

Departamento de Defesa dos Estados Unidos: 18/19